アトリエ・タタンのチーズケーキ
渡部まなみ

文化出版局

そんなチーズのおいしさを
まるごと生かしたお菓子を作りたい。

はじめに

東京・吉祥寺の路地裏に、小さなお店を構えたのは、2007年の初夏のこと。
それまで週2回、お菓子の路上販売をしていた私に
常連さんだった大家さんが「うちにいらっしゃい」と
お声をかけてくださったのが「タタン」の始まりでした。
開店当初の品ぞろえは、クッキーやタルトなど数種類の焼き菓子とチーズケーキ。
お店を続けた4年半の間、このチーズケーキは、私の予想をはるかに超えて
本当にたくさんのお客さまに、愛されるようになりました。

チーズケーキのおいしさは、不思議です。
材料も作り方も、基本的にはとてもシンプルで、さまざまな国で愛されています。
私にとってその「おおらかさ」が魅力で、まさに「家庭菓子」の代名詞。
「落ち込んだことがあっても、チーズケーキを食べると元気が出ます」
「母親の誕生日にプレゼントしたら、とても喜ばれました」
「甘いものが苦手な夫が、このケーキは食べてくれます」
「彼女へのプロポーズに、チーズケーキを持っていったらうまくいったんです」
お店をしているときお客さまから、そんなすてきな言葉を、たくさんいただけたのも
チーズケーキというお菓子の魅力が、理由だと思っています。

この本では、お店で愛されていたチーズケーキの作り方をはじめとして
チーズの種類や作り方を変えて、さまざまな方法で、チーズのおいしさを味わいつくす
そんなレシピたちをご紹介させていただきます。
気軽に気ままに、作ることを楽しんでいただけたらうれしいです。

Sommaire

Gâteaux au fromage cuit
第1章｜**ベイクドチーズケーキ**

4	はじめに
8	チーズについて
9	材料について
10	道具について
11	型について

14	タタンのチーズケーキ
18	シンプルベイクドチーズケーキ
19	ニューヨークチーズケーキ
22	バスクのチーズケーキ
23	ブルーチーズと洋梨のチーズケーキ
26	ギリシアのチーズケーキ
27	フィアドーヌ
30	トゥルトー・フロマージェ
	パートブリゼ
34	チョコレートチーズケーキ
35	カラメルチーズケーキ
38	グレープフルーツとクリームチーズのパウンドケーキ
39	栗とナッツのチーズケーキ
42	コーヒーチーズケーキ
43	ファルクレール
46	アルザスのチーズタルト
47	アルザスのサワーチェリーチーズタルト
	アーモンド入りパートシュクレ
	カスタードクリーム

[コラム]

52　チーズケーキと好きな飲み物

54　余ったチーズの活用法

Gâteaux au fromage cru

第2章｜レアチーズケーキ

58　レアチーズケーキ

62　いちごのレアチーズケーキ

63　ブルーベリーのレアチーズケーキ

66　フォンテーヌブロー
　　　　　　フロマージュブラン

67　クレメ・ダンジュ

70　ティラミス

74　フルーツティラミス

75　ピスタチオのティラミス

78　ブリヤサヴァランのブラックチェリージャム添え

78　バラカのドライいちじく添え

79　マスカルポーネのマロンペースト添え

79　山羊のチーズとりんごのスライス

Gâteaux au fromage soufflé

第3章｜スフレチーズケーキ

84　スフレチーズケーキ

88　ココアスフレチーズケーキ

89　ガトー・オ・フロマージュブラン

92　チーズのスフレ

92　りんごとカルヴァドスのスフレ

93　ハムとコンテチーズのスフレ

◎この本の決まりごと

- 大さじ1＝15mℓ、小さじ1＝5mℓです。
- オーブンは電気オーブンを使用しています。ガスオーブンを使用する場合は、温度をレシピより10℃低くしてください。
- 焼き時間は熱源や機種によって差が出ますので、レシピの時間はあくまで目安に、様子を見ながら加減してください。
- レシピの指示する温度が高温で、オーブンにその温度が設定されていない場合は、温度を最大にして、焼き時間をやや長くして加減してください。
- 卵はMサイズ、1個約50g（殻を除く正味）のものを使用しています。

チーズについて

本書で使う主なチーズです。新鮮な味わいを楽しむために、材料は賞味期限や保存状態をしっかり確認して使うようにしてください。

1 クリームチーズ

牛乳にクリームを加えて作るフレッシュチーズで、本書での登場回数もダントツ。おだやかな酸味と、なめらかな口当たりが特徴です。「タタン」ではオーストラリア産の業務用のクリームチーズを仕入れていますが、お好みの食感、塩加減のものを選んで使って大丈夫です（ク）。

2 マスカルポーネ

ティラミスの原材料として有名な、イタリア原産のクリームチーズ。乳脂肪分が高く、ほんのり甘い、コクのある味わいが人気です。かつてはロンバルディア地方の特産品でしたが、あまりの人気ぶりに、今ではイタリア全土で生産されているそうです。

3 サワークリーム

生クリームを乳酸菌で発酵させて作る乳製品で、厳密に言うと、熟成させていないのでチーズではありません。さわやかな酸味とコクが特徴で、発酵バターはこちらを原料に作られているそう。国産品が種類豊富で手に入りやすいので、お好みのものを選んでください。

4 フロマージュブラン

直訳するとフランス語で「白いチーズ」という意味。生のミルクにレンネット（凝乳酵素）を入れ、固めたもの。ヨーグルトと生クリームの中間のような、さわやかでまろやかな味わいです。市販品が販売されていますが、手作りする方法も68ページで紹介していますのでご参考に。

5 リコッタチーズ

リコッタはイタリア語で「二度煮る」という意味で、チーズ作りの過程で出るホエー（乳清）に、新しいミルクまたはクリームを加え、もう一度温めて作られます。脂肪分が少なく、ほんのり甘くさっぱりした味わいで、日本で出回っているものは牛乳製がほとんどです。

材料について

チーズケーキは身近な家庭菓子なので、材料は手に入りやすいお好みのものを使ってください。ただしすべて新鮮なものを使うのがポイントです。

1 グラニュー糖

ねっとりとしたチーズ類と短時間でしっかり混ざるように、本書では精製度が高く、サラサラして溶けやすいグラニュー糖を使用しています。お菓子の色もきれいに仕上がります。

2 生クリーム

必ず動物性で、乳脂肪分40％以上のものを使いましょう。低脂肪タイプや、植物性だと、風味や仕上がり食感が変わってきてしまいます。鮮度のいいものを使用し、直前まで冷蔵庫で冷やしておきます。

3 卵

1個あたり50g（殻を除いた正味）ほどのMサイズの卵を使用。「タタン」では富山にある農園から、おいしい卵を届けてもらっています。メレンゲを作るケーキの場合は特に、新鮮なものを選ぶのがコツ。

4 ヨーグルト

砂糖が入っていないプレーンタイプを。味はお好みですが、どちらかというと酸味が少ないタイプがおすすめ。水分（乳清）が出ている場合は、しっかり混ぜるか、軽く水きりをして使います。

5 バター

食塩不使用タイプを使います。新鮮で良質な北海道産の生乳を原料にした「よつ葉バター」は、ミルクそのもののようなまろやかな香りと、なめらかな口当たりが特徴です。（ク）

6 薄力粉

本書では主に、チーズケーキのふくらみを支える役割で加えます。長くおくと湿気をおびてしまいますので、購入するときは少量ずつ、開封したらしっかりと密閉できる容器で保存を。

7 コーンスターチ／ゼラチン

コーンスターチはとうもろこしのでんぷん、ゼラチンは動物性コラーゲンに熱を加え抽出したもの。それぞれベイクドチーズケーキ、レアチーズケーキを固めるために使います。

8 はちみつ

コクがありおだやかな甘みを加えたいときに、いくつかのお菓子で使用します。チーズとも相性のいい、アカシアや百花蜜など、クセが強すぎないタイプがおすすめです。（ク）

※商品説明に出てくる（ク）はクオカで取り扱っている商品です。問い合わせ先はp.96をご覧ください。

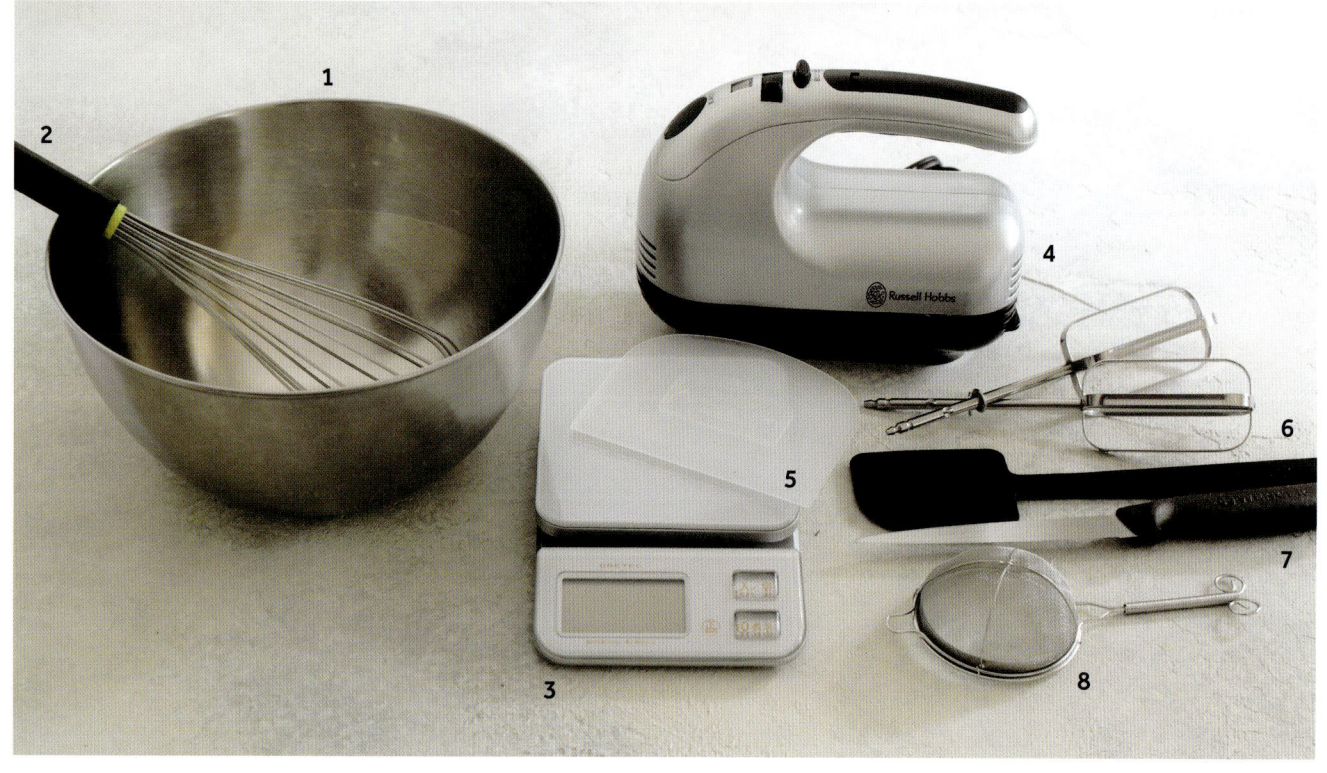

道具について

私が愛用しているものをご紹介しますが、家庭菓子であるチーズケーキは、道具も最低限で大丈夫。新たな道具を追加するときの参考にしてください。

1 ボウル

フォルムが美しく、取り扱いも楽な柳宗理のステンレスボウル。直径23cmのタイプは程よい深みがあって、ゴムべらや泡立て器を使って混ぜやすく、生地も集めやすいです。

2 泡立て器

フランス・マトファー社のホイッパーは、柄の部分が細く、握りやすいところがお気に入り。重さも軽いので、ボウルの縁に立てかけても、倒れないのがありがたいです。

3 電子スケール

本書の材料のほとんどは、「g（グラム）」単位で表記しています。容器を載せてから目盛りを0に戻せ、計量がラクチンかつ正確にできるため、お菓子作りには1台あると便利です。

4 ハンドミキサー

私は長年イギリス・ラッセルホブス社のハンドミキサーを愛用しています。メレンゲを立てるときも、粘度のあるチーズを混ぜるときにも、しっかりと力を発揮してくれる心強い存在です。

5 カード

ボウルの中の生地を集めるとき、バターと粉を切るように混ぜるときなどに活用します。マトファー社のものは、程よいしなりがあって、しっかりかき取ることができます。

6 ゴムべら

この本では生地を練らないよう、切るように混ぜるときにゴムべらが多数登場します。程よくしなり、へら部分と柄が一体で手入れがしやすい、耐熱性のものがおすすめです。

7 ペティナイフ

刃先が波形になったものは、チーズやバターなどをカットしたときに、刃にくっつかないので便利。材料をカットするだけでなく、型からお菓子を取り出すときにも使います。

8 茶こし

少量の粉をふるうときや、レモンをしぼって果肉や種などを除くとき、仕上げのデコレーションをするときなどに活用。私は一般的な紅茶用の、ステンレス素材のものを使っています。

型について

本書で使う型は主にこの2タイプ。丸型は、食べる人数やシチュエーションによって、お好みのサイズを選んでください。

1 パウンド型

長さ18cm、幅9cm、高さ6cmのステンレス製のパウンド型。「タタン」のチーズケーキが長さ23cmの長いパウンド型で焼いていますので、そのイメージに近く、一般的にも手に入りやすい型を使いました。こちらはすべてオーブンペーパーを敷いて使います。

2 直径15／18cm丸型

丸型で焼くケーキは、コンパクトで食べきりやすい15cm、大人数でも安心の18cm、両方の分量を紹介しています。ケーキを取り出しやすい底が抜けるタイプが便利で、素材はフッ素樹脂加工のものを選ぶと、焦げつきにくく、汚れも簡単に落とすことができます。

オーブンペーパーの敷き方

パウンド型の底面と同じ大きさの厚紙を用意し、ペーパーを押し当て、上下左右から折り目をつけます。角に来る4か所にはさみで切れ込みを入れ、型に入れます。

オーブンペーパーの敷き方

丸型の底面をペーパーの上にのせ、鉛筆などで薄く印をつけ、はさみで切り取り、底に入れます。側面は刷毛でとかしバターをぬっておきます。焼き上がるときに型につかないので、生地が割れにくくなります。

第1章
ベイクドチーズケーキ

―――――――――――――

このチーズケーキの基本は、材料を混ぜて、型に流して焼くだけ。
そこに材料や焼き方の違いで、いろんなバリエーションが生まれます。
私が繰り返し作っているシンプルなチーズケーキや
ヨーロッパの地方菓子からインスピレーションを受けた
ちょっと変わったチーズケーキなどをご紹介します。

Gâteaux au fromage cuit

Gâteau au fromage de l'Atelier Tatin
タタンのチーズケーキ

「チーズのおいしさを味わいつくす」、
そんなケーキができたら……という思いから生まれたケーキ。
コクがあるけど、フワッと軽く
バニラビーンズのプチプチした食感とあいまって
ついついもうひと口食べたくなる味わいです。

Gâteau au fromage de l'Atelier Tatin
タタンのチーズケーキ

メインのクリームチーズに、酸味担当のサワークリーム、
食感とコクを増すマスカルポーネという、三つの乳製品を組み合わせた
「タタン」の代名詞のような、チーズケーキです。
店のレシピは、もう少し細かな配分で焼き上げていますが
ご家庭で作りやすいよう、アレンジしました。
焼きたては豆腐のようなふわふわの状態で、そのときは実は、あまりおいしくありません。
冷蔵庫でしっかり冷やし固めることにより、味と食感が立ってきます。

材料　18×9×高さ6cmのパウンド型1台分

- **クリームチーズ** ……… 220g
- **サワークリーム** ……… 70g
- **マスカルポーネ** ……… 100g
- グラニュー糖 ……… 75g
- バニラビーンズ ……… 1/3本分
- 卵 ……… 2個(100g)
- コーンスターチ ……… 10g

＊サワークリームがないときは

クリームチーズ300g、マスカルポーネ75g、グラニュー糖75g、バニラビーンズ1/3本分、卵2個、レモン汁大さじ1弱、コーンスターチ10gを準備します。工程**5**の前にレモン汁を入れて、同様に焼いて。チーズ2種類でも、充分おいしく作れます。

下準備

- クリームチーズは室温に戻す(右記参照)。
- バニラのさやから、バニラビーンズを取り出す(右記参照)。
- 型にオーブンペーパーを敷く(p.11参照)。
- オーブンを170℃に予熱する。

クリームチーズを室温に戻す

クリームチーズは指で押すとへこむくらいのやわらかさに戻す。電子レンジを使う場合は、ラップをかけ、加減をみながら約1分前後加熱します。

バニラビーンズをさやから出す

バニラビーンズのさやを縦半分に切り、包丁の背でしごき出します。余ったさやは、ジャムやシロップを煮るときに入れたり、ミルクティーやプリンに入れるのがおすすめ。バニラビーンズは(ク)。

〈作り方〉

チーズと砂糖を混ぜる

卵を加える

1. ボウルにクリームチーズを入れ、ゴムべらで、なめらかになるまで混ぜる。サワークリーム、マスカルポーネを一度に加え、ゴムべらで、全体が混ざるまで、しっかりよく混ぜる。

2. グラニュー糖、さやから出したバニラビーンズを一度に加え、ゴムべらで混ぜる。

3. グラニュー糖が溶け、ざらざらした感じがなくなるとゆるくなるので、泡立て器に持ち替え、さらによく混ぜる。

4. 割りほぐした卵を2～3回に分けて加え、そのつど泡立て器でよく混ぜる。

5. 途中泡立て器についたクリームチーズのダマを指でぬぐい落とし、混ぜ残しがないようにする。

型に流し、湯せん焼きする

6. さらにボウルの側面についたチーズもゴムべらで集め、全体が均一になるようによく混ぜる。

7. コーンスターチを茶こしでふるい入れ、粉気がなくなるまでさらによく混ぜる。

8. ゴムべらで生地を集め、型に流し入れる。表面に気泡が出るようなら、フォークの先でつぶしておくといい。

9. 170℃に予熱したオーブンに入れ、40～45分湯せん焼き(天板の底から2cmくらいまで40～50℃のお湯を注ぎ、焼く。途中お湯が足りなくなったら、追加する)する。こんがりとした焼き色がついたらオーブンから出し、粗熱を取る。完全に冷めたら、ラップをしないで(ほどよく水分を飛ばすため)冷蔵庫でひと晩冷やして固める。固まってから型から取り出す。

※ラップで包み、冷蔵庫で4～5日保存可能。焼いた翌日、小分けにしてラップに包み、冷凍庫に入れると、約2週間保存することができる。

Point
クリームチーズは必ず、しっかりやわらかくなるまで室温に戻しましょう。中が冷えていると生地がダマになりやすく、食感が悪くなってしまいます。

Gâteau au fromage cuit simple
シンプルベイクドチーズケーキ

Gâteau au fromage recette New-Yorkaise
ニューヨークチーズケーキ

Gâteau au fromage cuit simple
シンプルベイクドチーズケーキ

身近な材料だけで作る、とてもシンプルなチーズケーキです。
クリームチーズのおいしさを、そのまま素直に味わうレシピを考えました。
湯せん焼きしないので、焼き目の香ばしさも魅力の一つです。

材料	直径15×高さ6cmの丸型1台分	直径18×高さ6cmの丸型1台分
クリームチーズ	300g	450g
グラニュー糖	80g	120g
卵	2個	3個
生クリーム	100g	150g
レモン汁	大さじ1	大さじ1½
薄力粉	25g	35g

下準備

- クリームチーズは室温に戻す(p.16参照)。
- 型の側面にとかしバター(分量外)をぬり、底にオーブンペーパーを敷く(p.11参照)。
- オーブンを210℃に予熱する。

〈作り方〉

1. ボウルにクリームチーズを入れ、ゴムべらで、なめらかになるまで混ぜる。
2. グラニュー糖を加え、ゴムべらで混ぜる。ざらざらした感じがなくなったら泡立て器に持ち替え、さらによく混ぜる。
3. 割りほぐした卵を2〜3回に分けて加え、そのつどよく混ぜる。生クリーム、レモン汁を順に加え、そのつどよく混ぜる。薄力粉を茶こしでふるい入れ、よく混ぜる。
4. ゴムべらで生地を集め、型に流し入れる。210℃に予熱したオーブンに入れ、約20分焼く。160℃に温度を下げ、さらに約25分焼く。
5. こんがりとした焼き色がついたらオーブンから出し、粗熱を取る。完全に冷めたらラップをしないで冷蔵庫でひと晩冷やし固め、型から取り出す。

※ラップで包み、冷蔵庫で4〜5日保存可能。

焼き色が均一になるように、オーブンで最初の20分焼いたあと、型の前後を返します。型から取り外すとき、ケーキと型の間をペティナイフで1周させておくときれいに外れます。

Gâteau au fromage recette New-Yorkaise
ニューヨークチーズケーキ

湯せん焼きでなめらかな食感に焼き上げる、ニューヨーク生まれのチーズケーキ。
カットすると、サワークリーム、チーズ生地、クッキー生地の三層がきれいです。
トッピングのサワークリームの分量は、お好みで加減してください。

材料	直径15×高さ6cmの丸型1台分	直径18×高さ6cmの丸型1台分
＜チーズ生地＞		
クリームチーズ	160g	250g
サワークリーム	120g	180g
グラニュー糖	70g	110g
卵	1½個	2個
生クリーム	65g	100g
レモン汁	大さじ½	大さじ1弱
コーンスターチ	8g	12g
＜クッキー土台＞		
カラメルビスケット	50g	80g
無塩バター	15g	20g
＜トッピング＞		
サワークリーム	130g	200g

下準備

・クリームチーズは室温に戻す（p.16参照）。
・型の側面にとかしバター（分量外）をぬり、底にオーブンペーパーを敷く（p.11参照）。アルミホイルを型の底面に巻く（p.86参照）。
・オーブンを160℃に予熱する。

〈作り方〉

1 クッキー土台を作る。ボウルにバターを入れ、湯せんでとかす。砕いたカラメルビスケット（砕く方法 p.60参照）を加え、ゴムべらでよく混ぜる。型の底に平らにならし（**a**）、冷蔵庫で冷やす。

2 ボウルにクリームチーズを入れ、ゴムべらで、なめらかになるまで混ぜる。

3 サワークリームを加え、よく混ぜる。グラニュー糖を加え、ゴムべらで混ぜる。ざらざらした感じがなくなったら泡立て器に持ち替え、さらによく混ぜる。

4 割りほぐした卵を2〜3回に分けて加え、そのつどよく混ぜる。生クリーム、レモン汁を順に加え、そのつどよく混ぜる。コーンスターチを茶こしでふるい入れ、よく混ぜる。

5 ゴムべらで生地を集め、**1**の型に流し入れる。160℃に予熱したオーブンに入れ、30〜35分湯せん焼きする。

6 オーブンから出し、粗熱を取る。完全に冷めたらラップをしないで冷蔵庫でひと晩冷やし、固める。

7 型から取り出し、ケーキの表面にサワークリームをのせ、スプーンの背で模様をつける。

※ケーキの表面につかないようふたつきの容器に入れ、冷蔵庫で1〜2日保存可能。

カラメルビスケット
ここで使用したのはベルギーの「ロータス オリジナル カラメルビスケット」。シナモンが効いていて、まろやかなチーズ味とよく合います。市販のグラハムビスケットやパート シュクレのクッキー（p.50参照）でも大丈夫です。

a
スプーンの背で押しつけるようにならします。型の端まで均一に敷きつめるように、やや強めの力加減で。

Point
このケーキのポイントは、「焼きすぎない」こと。焼きすぎてしまうと、かたくなり、食感が悪くなります。型をスプーンやトングでたたくと、まわりは固まり、中心部分のみがぷるんと揺れるくらいが焼き上がりの目安です。

Gâteau au fromage du Pays Basque
バスクのチーズケーキ

Gâteau au roquefort et aux poires
ブルーチーズと洋梨のチーズケーキ

Gâteau au fromage du Pays Basque
バスクのチーズケーキ

フランスのバスク地方のバルなどに置かれている、素朴なチーズケーキ。
真っ黒な外見に驚きますが、この焦げ目と中のクリーミーさのギャップが魅力なのです。
コーヒーや紅茶はもちろん、白ワインなどお酒ともぜひ合わせてみてください。

材料	直径15×高さ6cmの丸型1台分	直径18×高さ6cmの丸型1台分
クリームチーズ	300g	400g
グラニュー糖	105g	140g
卵	3個	4個
生クリーム	150g	200g

下準備

- クリームチーズは室温に戻す(p.16参照)。
- 型の側面にとかしバター(分量外)をぬり、底にオーブンペーパーを敷く(p.11参照)。
- オーブンを230℃に予熱する。

〈作り方〉

1. ボウルにクリームチーズを入れ、ゴムべらで、なめらかになるまで混ぜる。
2. グラニュー糖を加え、ゴムべらで混ぜる。ざらざらした感じがなくなったら泡立て器に持ち替え、さらによく混ぜる。
3. 割りほぐした卵を2〜3回に分けて加え、そのつどよく混ぜる。生クリームを加え、さらによく混ぜる。
4. ゴムべらで生地を集め、型に流し入れる。230℃に予熱したオーブンに入れ、25〜30分焼く。表面が真っ黒になるまで焼き色がついたらオーブンから取り出し、粗熱を取る。完全に冷めたらラップをしないで冷蔵庫でひと晩冷やし、型から取り出す。

※ラップをかけ、冷蔵庫で3〜4日保存可能。

オーブンに230℃の温度設定がない場合は、最大まで上げ、少し焼き時間を長くしてください。表面にしっかりと焼き目をつけるのを意識して、高温かつ短時間で焼き上げます。

Gâteau au roquefort et aux poires
ブルーチーズと洋梨のチーズケーキ

左ページの「バスクのチーズケーキ」の応用ケーキ。
焼いてから2～3日たつと、ブルーチーズの塩気とクリームチーズのうまみが
よくなじんで、おいしさが熟成されていきます。

材料	直径15×高さ6cmの丸型1台分	直径18×高さ6cmの丸型1台分
クリームチーズ	300g	400g
ブルーチーズ(ロックフォール)	45g	60g
グラニュー糖	60g	80g
はちみつ	35g	50g
卵	3個	4個
生クリーム	150g	200g
洋梨のコンポート(缶詰)	75g	100g

下準備

- クリームチーズは室温に戻す(p.16参照)。
- 型の側面にとかしバター(分量外)をぬり、底にオーブンペーパーを敷く(p.11参照)。
- ブルーチーズは包丁で細かく刻む。洋梨のコンポートは1cm角に切る。
- オーブンを230℃に予熱する。

〈作り方〉

1. ボウルにクリームチーズを入れ、ゴムべらで、なめらかになるまで混ぜる。ブルーチーズを加え、さらによく混ぜる。
2. グラニュー糖を加え、ゴムべらで混ぜる。ざらざらした感じがなくなったら泡立て器に持ち替え、はちみつを加え、さらに混ぜる。
3. 割りほぐした卵を2～3回に分けて加え、そのつどよく混ぜる。生クリーム、洋梨を加え、そのつどよく混ぜる。
4. ゴムべらで生地を集め、型に流し入れる。230℃に予熱したオーブンに入れ、30～40分焼く。表面が真っ黒になるまで焼き色がついたらオーブンから取り出し、粗熱を取る。完全に冷めたらラップをしないで冷蔵庫でひと晩冷やし、型から取り出す。

※ラップをかけ、冷蔵庫で3～4日保存可能。

ブルーチーズ

「ロックフォール」はフランスを代表する青かびチーズ。ピリリとした青かびの刺激のあとに、羊乳ならではの甘みとまろやかさが広がり、味に奥行きを与えています。ゴルゴンゾーラや、手に入るブルーチーズで代用できます。

洋梨のコンポートは、缶詰が手に入らない場合、生の洋梨を砂糖を加えた水で15分ほど煮たものを刻んで使ってもいいでしょう。

Gâteau au fromage grec
ギリシアのチーズケーキ

Fiadone
フィアドーヌ

Gâteau au fromage grec
ギリシアのチーズケーキ

チーズケーキは「古代ギリシアで生まれた」という説があるそうです。
ギリシアはフェタチーズの名産地。「最初に生まれたチーズケーキはどんなもの?」と
空想を広げて考えてみた、素朴な味わいのケーキ。粉の分量が多く、
クイックブレッドみたいな食感で、朝ごはんに食べるのもおすすめです。

材料　21×16×高さ3cmのほうろうバット1台分

- フェタチーズ（カッテージチーズで代用可）……70g
- 無塩バター……50g
- 薄力粉……200g
- ベーキングパウダー……5g
- 卵……1個
- はちみつ……30g
- 牛乳……30ml

下準備

- フェタチーズは塩ひとつまみ（分量外）を入れた水につけ、ひと晩冷蔵庫におき、塩抜きをする。
- バターは1cm角に切り、冷蔵庫で冷やす。
- バットの内側にとかしバター（分量外）をぬる。
- オーブンを190℃に予熱する。

〈作り方〉

1. 薄力粉とベーキングパウダーは合わせてふるい、ボウルに入れる。
2. バター、キッチンペーパーで水気を拭いたフェタチーズを加え、手ですり合わせるようにしてなじませる。
3. 割りほぐした卵、はちみつ、牛乳を混ぜ合わせたものを加え、カードを使って切るように、粉気がなくなるまで混ぜる。
4. カードで生地を集め、バットに入れる。手で表面を平らにならし、強力粉少々（分量外）をふり、190℃に予熱したオーブンで約20分焼く。
5. こんがりと焼き色がつき、竹串を刺して何もついてこなければオーブンから出し、冷ます。粗熱が取れたらバットから取り出し、包丁で1.5cm幅に切る。お好みで、メープルシロップやはちみつをかけていただく。

※ラップをかけ、常温で2〜3日保存可能。

フェタチーズ
羊または山羊の乳から作られる、ギリシアを代表するフレッシュチーズ。一般的には塩漬けにされて販売されているので、ケーキにはしっかり塩抜きをしてから使いましょう。

ほうろうバット
料理に活躍するほうろうのバットは、お菓子の型としても活用できます。薄いので火が入りやすく、お手入れも簡単。私は「野田琺瑯」の「キャビネサイズ」を使用しています。

Point
生地を練らないようにさっくり混ぜるのがポイント。

Fiadone
フィアドーヌ

フランス・コルシカ島で作られる、「ブロッチュ」というチーズを使った郷土菓子。
現地ではくしゃっとさせたアルミホイルで型を作るそうですが、
ここではパイ皿にしわのあるアルミホイルを敷き、側面と底面に自然な凹凸を作ります。
レモンの風味が効いた、マドレーヌのような少しなつかしい味わいです。

材料　　　直径15×高さ2.5cmのパイ皿1台分

- ブロッチュ(リコッタチーズ
    またはカッテージチーズで代用可) ······ 125g
- グラニュー糖 ······ 15g
- 卵黄 ······ 1個分
- レモンの皮(すりおろし) ······ 1/2個分弱
- 薄力粉 ······ 20g
- 〈メレンゲ〉
- 卵白 ······ 1個分
- 塩 ······ ひとつまみ
- グラニュー糖 ······ 20g

下準備

- 型に軽くしわをつけたアルミホイルを敷く。
- 卵白はボウルに入れて、ボウルに当たる縁部分が凍るくらい冷凍庫で冷やす(p.32参照)。
- オーブンを200℃に予熱する。

〈作り方〉

1. ボウルにブロッチュを入れ、ゴムべらで、なめらかになるまで混ぜる。
2. グラニュー糖を加え、混ぜる。ざらざらした感じがなくなったら泡立て器に持ち替え、卵黄、レモンの皮、ふるった薄力粉を順に加え、そのつどよく混ぜる。
3. メレンゲを作る。冷凍庫で冷やしておいた卵白に塩を加え、ハンドミキサーで攪拌する。白っぽくふんわりしてきたら、グラニュー糖を2回に分けて加え、そのつど攪拌する。ミキサーを持ち上げると、卵白がおじぎをするくらいのかたさまで泡立てる。
4. 2に3を2回に分けて加え、泡立て器でさっくり混ぜ、パイ皿に流し入れる。カードなどで表面を平らにならす。
5. 200℃に予熱したオーブンで20〜25分、しっかり焼き色がつくまで焼く。オーブンから出して冷まし、粗熱が取れたらパイ皿から取り出す。
   ※ラップをかけ、常温で2〜3日保存可能。

メレンゲに塩を入れるのは、卵白のたんぱく質をほぐれやすくして、早く泡立てられるようにするため。ボウルや泡立て器に油分がついていると、泡立たなくなるので注意。チーズ生地にメレンゲを入れたら、泡をつぶさないようにさっくり混ぜて。ただし、生地をしっかり均一にするため、下から生地を返すように手早く混ぜるのがコツ。

ブロッチュ

ナポレオンの母も大好物だったという、コルシカ島の名物チーズ。ホエー(乳清)を再利用して作られており、羊・山羊乳を使用。やわらかく、ほのかな自然な甘みが魅力。日本では旬の春先にしか空輸されない季節限定チーズです。

レモンの皮

レモンは無農薬・ノーワックスタイプを選びましょう。写真のような「ゼスターグレーダー」(万能おろし金)があると便利ですが、ない場合は普通のおろし金を使っても大丈夫。

パイ皿

ブロッチュは貴重なチーズなので、薄くて短時間で火が入る、小さめのパイ皿で焼き上げました。さびにくくて熱伝導性のいい、ステンレス製がおすすめです。

Tourteau Fromagé
トゥルトー・フロマージェ

フランス・ポワトゥ地方に伝わる伝統菓子です。
「職人の失敗から生まれた」といわれ、真っ黒に焦げた外皮の内側には
卵とチーズ風味豊かな、ふんわりきめこまやかなケーキ生地が。
下の甘くないパイ生地(パートブリゼ)の塩気が、程よいアクセントになっています。

Tourteau Fromagé
トゥルトー・フロマージェ

材料   直径16×高さ4cmの専用型1台分

シェーブルフレ（水きりしたもの／リコッタチーズ
　またはカッテージチーズで代用可）・・・・・・・・80g
グラニュー糖 ・・・・・・・・・・・・・・・・・・30g
卵黄 ・・・・・・・・・・・・・・・・・・・・・3個分
レモン汁 ・・・・・・・・・・・・・・・・・・小さじ1
薄力粉 ・・・・・・・・・・・・・・・・・・・・・40g
コーンスターチ ・・・・・・・・・・・・・・・・・20g
＜メレンゲ＞
卵白 ・・・・・・・・・・・・・・・・・・・・・3個分
塩 ・・・・・・・・・・・・・・・・・・・・ひとつまみ
グラニュー糖 ・・・・・・・・・・・・・・・・・・50g
パートブリゼ（p.33参照）・・・・・・・・・・・・180g

下準備

- ざるにキッチンペーパーを敷き、その上にシェーブルフレを置き、冷蔵庫でひと晩水きりをする（水きりが終わったものを80g使用する）。
- 卵白はボウルに入れて、ボウルに当たる縁部分が凍るくらい冷凍庫で冷やす（下記参照）。
- オーブンを230℃に予熱する。

〈作り方〉

1　台に打ち粉（強力粉／分量外）をふり、パートブリゼを麺棒でのばす。全体が同じかたさになるように指先で軽くほぐしてからまとめ、90度ずつ回転させながら少しずつのばしていき、厚さ3～4mm、直径24cm程度の円形にのばす（**a**）。打ち粉をしながら、手で型にそわせるようにしながら敷き込む。縁が少し飛び出た状態で（**b**）、冷蔵庫で10～15分休ませる。

2　ボウルにシェーブルフレを入れ、ゴムべらで、なめらかになるまで混ぜる。

3　グラニュー糖を加え、ざらざらした感じがなくなるまで混ぜる。ほぐした卵黄の半量を加え、さらに混ぜる（**c**）。残りの卵黄を加え、泡立て器に持ち替えて混ぜる（**d**）。レモン汁を加え、混ぜる。

4　薄力粉とコーンスターチを合わせたものをふるい入れ、泡立て器で混ぜる。

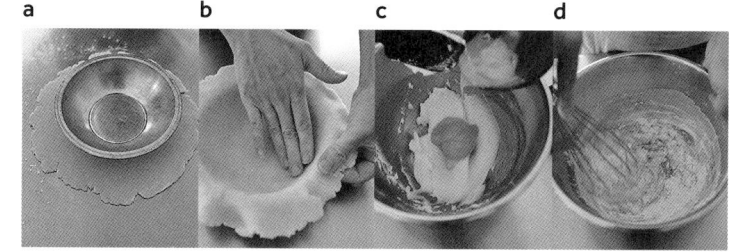

a　　b　　c　　d

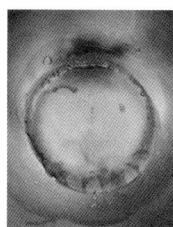

卵白を冷やす
冷凍庫に入れて15分程度で、卵白の縁が凍りはじめます。ボウルが冷凍庫に入らない場合は、直前まで冷蔵庫に入れ、氷水を当てながら泡立てると、しっかりしたメレンゲに。

シェーブルフレ
「フレ」とは「新鮮な」という意味で、熟成させず固めた山羊のミルクでできた、フレッシュタイプのチーズ。ヨーグルトのようなさわやかな味わいで、43ページで紹介する「ファルクレール」でも使用します。

**トゥルトー・
フロマージェ専用型**
丸く焼き上げるこのお菓子は、東京・合羽橋の「吉田菓子道具店」で購入した専用型を使用しました。ない場合は、直径16cmほどのステンレスボウルでも代用できます。

5 メレンゲを作る。冷凍庫で冷やしておいた卵白に塩を加え、ハンドミキサーで攪拌する。白っぽくふんわりしてきたら、グラニュー糖を2回に分けて加え、そのつど攪拌する。ミキサーを持ち上げると、ピンと角が立つくらいのかたさまで泡立てる(**e**)。

6 **4**に**5**の半量を加え、泡立て器で混ぜる。残りの半量を加え、泡立て器で混ぜ(**f**)、ゴムべらでも軽く混ぜ、きめを整える。

7 冷蔵庫から**1**の型を取り出し、ペティナイフで縁を切り落とす(**g**)。**6**の生地を流し入れ(**h**)、縁まで生地がきちんとくるように、ナイフなどで生地をなでる(**i**)。

8 230℃に予熱したオーブンに入れ、表面にしっかり焦げ目がつくまで約20分焼く。190℃に落とし、さらに20分焼く。オーブンから出し、粗熱が取れたら型から取り出す。

※ラップをかけ、常温で2〜3日保存可能。

シェーブルフレはものによって水分量が違うので、少し多めに準備して(150gほど)水きりしましょう。全体にきれいに焦げ目がつくように、焼いている途中で型の前後を返すといいでしょう。

Pâte brisée
パートブリゼ

キッシュなどにも使われる、さっくりとした食感が特徴の甘くないパイ生地。
冷蔵・冷凍保存ができるので、前日に作っておくと、ラクチンです。

材料　作りやすい分量
※この半分を「トゥルトー・フロマージェ」1台分に使用する

強力粉　・・・・・・・・・・・200g
グラニュー糖　・・・・・・・・15g
塩　・・・・・・・・・・・・・6g
無塩バター　・・・・・・・・・100g
卵黄　・・・・・・・・・・・・1個分
水　・・・・・・・・・・・・・大さじ2

下準備

・ボウルに強力粉、グラニュー糖、塩、1cm角に切ったバターを入れ、冷蔵庫で約30分冷やす。
・卵黄に分量の水を加えてよく混ぜ、冷蔵庫で冷やす。

〈作り方〉

1 カードでバターを細かく切り、ある程度細かくなったら、手のひらですり合わせるようにして粉類となじませる。サラサラの状態になったらOK。

2 卵黄と水を混ぜたものを加え、粉気をなくすようにさっくり手で混ぜ、ひとまとめにする。ラップに包み、冷蔵庫でひと晩ねかせる。

※ラップに包み、保存袋に入れ、冷凍庫で約2週間保存可能。使うときは、冷蔵庫に入れ、半日かけて解凍するといい。麺棒で薄くのばし、包丁で適当な大きさに切って、190℃のオーブンで約15分焼くと、甘くないパイとして食べることもできる。

手の温度でバターがとけないように、手早く作業すること。卵黄を加えてからは、こねるとグルテンが出てしまい食感が悪くなるので、さっくりまとめるようにします。

Gâteau au fomage et au chocolat
チョコレートチーズケーキ

Gâteau au fromage et au caramel
カラメルチーズケーキ

35

Gâteau au fomage et au chocolat
チョコレートチーズケーキ

「チョコのケーキは、ガトーショコラでいいんじゃない?」と思っていましたが
チーズを入れることで生まれる、むっちりとした食感とうまみを最近、再確認。
トッピングのベリー類が、チーズのおいしさを引き立てます。

材料　18×9×高さ6cmのパウンド型1台分

クリームチーズ ・・・・・・・・・・・・・・・230g
グラニュー糖 ・・・・・・・・・・・・・・・60g
卵 ・・・・・・・・・・・・・・・・・・・・2個
生クリーム ・・・・・・・・・・・・・・・100g
製菓用チョコレート ・・・・・・・・・70g
ココアパウダー ・・・・・・・・・・・・25g
<トッピング>
ラズベリー、ブラックベリーなど ・・・・1/2パック

下準備

・クリームチーズは室温に戻す(p.16参照)。
・型にオーブンペーパーを敷く(p.11参照)。
・オーブンを210℃に予熱する。

〈作り方〉

1 ボウルにクリームチーズを入れ、ゴムべらで、なめらかになるまで混ぜる。

2 グラニュー糖を加え、ゴムべらで混ぜる。ざらざらした感じがなくなったら泡立て器に持ち替え、さらによく混ぜる。

3 割りほぐした卵を2〜3回に分けて加え、そのつどよく混ぜる。生クリーム、湯せんでとかしたチョコレート、ココアパウダーを順に加え、そのつどよく混ぜる。

4 ゴムべらで生地を集め、型に流し入れる。210℃に予熱したオーブンに入れ、30〜35分焼く。

5 竹串を刺し、何もついてこなかったらオーブンから出し、粗熱を取る。完全に冷めたらラップをかけずに冷蔵庫でひと晩冷やし、固める。

6 型から取り出し、いただく直前にラズベリー、ブラックベリーなどをのせる。

※ラップをかけ、冷蔵庫で4〜5日保存可能。

Point
冷めたときにふくらんでいた中央部分が自然にくぼみますが、そこにトッピングのベリー類をのせます。くぼませたくない場合は、右ページの「カラメルチーズケーキ」のように、逆さにして冷ましましょう。

Gâteau au fromage et au caramel
カラメルチーズケーキ

グラニュー糖はカラメルにすると、甘みがまろやかに。
クリームチーズのほのかな塩気と、カラメルのほろ苦さや酸味がよく合います。
男性にも喜ばれる、大人な味わいのチーズケーキ。

材料　18×9×高さ6cmのパウンド型1台分

- クリームチーズ ······················ 200g
- サワークリーム ······················ 50g
- グラニュー糖 ························ 50g
- 卵 ································· 2個
- 薄力粉 ······························ 20g
- ピーカンナッツ ······················ 20g
- ＜カラメル＞
- グラニュー糖 ························ 40g
- 生クリーム ·························· 50g

下準備

- クリームチーズは室温に戻す（p.16参照）。
- 型にオーブンペーパーを敷く（p.11参照）。
- ピーカンナッツは160℃のオーブンで約10分ローストして、包丁で粗く刻む。
- オーブンを210℃に予熱する。

〈作り方〉

1. カラメルを作る。小鍋にグラニュー糖を入れて中火にかける（**a**）。砂糖全体が焦げて茶色く色づいたら火を止め、生クリームを加える（**b**）。鍋底にぬれぶきんを当て、ゴムべらでよく混ぜる（**c**）。

2. ボウルにクリームチーズ、サワークリームを入れ、ゴムべらで、なめらかになるまで混ぜる。

3. グラニュー糖を加え、ゴムべらで混ぜる。ざらざらした感じがなくなったら泡立て器に持ち替え、さらによく混ぜる。

4. 割りほぐした卵を2～3回に分けて加え、そのつどよく混ぜる。人肌まで冷ましたカラメル、薄力粉、ピーカンナッツを順に加え、そのつどよく混ぜる。

5. ゴムべらで生地を集め、型に流し入れる。210℃に予熱したオーブンに入れ、約20分焼く。160℃に温度を下げ、さらに約25分焼く。

6. オーブンから出し、粗熱を取る。型から取り出し、天地を逆にして完全に冷まし（**d**）、冷蔵庫でひと晩冷やし固める。

※ラップをかけ、冷蔵庫で4～5日保存可能。

Point カラメルは、全体が色づいて生クリームを入れたあと、鍋底にぬれぶきんを当てて、鍋の熱を取り、それ以上焦げないようにします。

Quatre-quarts aux pamplemousses et au fromage
グレープフルーツとクリームチーズの
パウンドケーキ

Gâteau de fromage de la forêt
栗とナッツのチーズケーキ

Quatre-quarts aux pamplemousses et au fromage

グレープフルーツとクリームチーズのパウンドケーキ

クリームチーズを生地に練り込み、かたまりでも入れて焼き込んだパウンドケーキ。
グレープフルーツのほろ苦さが、チーズのうまみを引き立てます。
甘みははちみつときび砂糖を使い、どこかなつかしい味わいに仕上げました。

材料　18×9×高さ6cmのパウンド型1台分

- **クリームチーズ** ・・・・・・・・・・・・100g
- 無塩バター ・・・・・・・・・・・・・・65g
- きび砂糖 ・・・・・・・・・・・・・・・100g
- 卵 ・・・・・・・・・・・・・・・・・・2個
- はちみつ ・・・・・・・・・・・・・・・8g
- 薄力粉 ・・・・・・・・・・・・・・・・110g
- ベーキングパウダー ・・・・・・・・・4g

＜フィリング＞
- グレープフルーツ(正味) ・・・・・・・80g(約3房)
- **クリームチーズ** ・・・・・・・・・・・・50g

下準備

- クリームチーズ(100gのみ／p.16参照)とバターは室温に戻す。
- 型にオーブンペーパーを敷く(p.11参照)。
- グレープフルーツは薄皮をむき、果肉をつぶさないようにほぐす(**a**)。フィリングのクリームチーズは3～4mm厚さに切る。
- 薄力粉とベーキングパウダーは合わせてふるう。
- オーブンを190℃に予熱する。

〈作り方〉

1. ボウルにクリームチーズを入れ、ゴムべらで、なめらかになるまで混ぜる。

2. バター、きび砂糖を順に加え、泡立て器ですり混ぜる。

3. 割りほぐした卵を2～3回に分けて加え、そのつどよく混ぜる。はちみつ、ふるった粉類を順に加え、そのつどよく混ぜる。グレープフルーツを加え、さっと混ぜる。

4. ゴムべらで生地を集め、型に半量を流し入れる。型を台に数回トントンと落とし、中の空気を抜く。フィリングのクリームチーズを均等に並べ、残りの生地を流し入れ、再び台に数回落とし、中の空気を抜く。カードなどで表面を平らにならす。

5. 190℃に予熱したオーブンに入れ、45～50分焼く。途中表面が焦げるようなら、アルミホイルをかぶせる。竹串を刺し、何もついてこなかったらオーブンから出す。粗熱が取れたら型から取り出し、ケーキクーラーなどの上にのせて冷ます。

※ラップをかけ、常温で3～4日保存可能。

a

グレープフルーツの果肉は、ややかたまりを残しつつ、細かめにほぐしておきます。新鮮で、果肉がしっかりしたタイプを使用しましょう。

Point

グレープフルーツの果肉は、なるべくつぶさないように注意。粉類を加えてからは、グルテンを発生させないように、こねないようさっくり混ぜることを意識しましょう。

Gâteau de fromage de la forêt
栗とナッツのチーズケーキ

栗のほくほくした甘みと、ナッツの香ばしさ、リコッタの軽やかさがマッチした
私の中で「秋の森」をイメージする、チーズケーキです。
リコッタはクリームチーズのように常温にする手間がいらないので、気軽に作れます。

材料	直径15×高さ6cm の丸型1台分	直径18×高さ6cm の丸型1台分
リコッタチーズ	300g	450g
グラニュー糖	80g	120g
卵	2個	3個
生クリーム	50g	75g
ラム酒	大さじ1/2	大さじ1弱
薄力粉	30g	45g
蒸し栗	60g	90g
<トッピング>		
ピスタチオ(p.77参照)	10g	15g
くるみ	20g	30g
アーモンド	20g	30g

下準備

・蒸し栗は5mm角に、アーモンドは半分に切る。くるみは半分に手で割る。
・薄力粉はふるっておく。
・型の側面にとかしバター(分量外)をぬり、底にオーブンペーパーを敷く(p.11参照)。
・オーブンを210℃に予熱する。

〈作り方〉

1. ボウルにリコッタチーズを入れ、ゴムべらで、なめらかになるまで混ぜる。
2. グラニュー糖を加え、ゴムべらで混ぜる。ざらざらした感じがなくなったら泡立て器に持ち替え、さらによく混ぜる。
3. 割りほぐした卵を2〜3回に分けて加え、そのつどよく混ぜる。生クリーム、ラム酒、ふるった薄力粉を順に加え、そのつどよく混ぜる。蒸し栗を加え、さっと混ぜる。
4. ゴムべらで生地を集め、型に流し入れる。型を台に数回トントンと落とし、中の空気を抜き、表面にナッツ類を散らす。210℃に予熱したオーブンに入れ、約20分、150℃に温度を下げ、さらに約20分焼く。
5. 竹串を刺し、何もついてこなかったらオーブンから出し、粗熱を取る。完全に冷めたらラップをしないで冷蔵庫でひと晩冷やし、型から取り出す。

※ラップをかけ、冷蔵庫で4〜5日保存可能。

蒸し栗

イタリアの栗を蒸して甘さを加えた「クオカ」の「カスタニエ40」を使用しました。スーパーやコンビニで販売している「むき甘栗」などを活用しても大丈夫です。(ク)

Gâteau au fromage et au café
コーヒーチーズケーキ

Farcoullèle
ファルクレール

Gâteau au fromage et au café
コーヒーチーズケーキ

ほろ苦いコーヒー風味が効いた、男性にも喜ばれるチーズケーキ。
土台はオレオクッキーやグラハムクッキーなどで作ってもおいしいです。

材料	直径15×高さ6cmの丸型1台分	直径18×高さ6cmの丸型1台分
クリームチーズ	260g	390g
グラニュー糖	70g	105g
卵	2個	3個
生クリーム	70g	105g
コーヒーエキス	大さじ1	大さじ1½
薄力粉	25g	35g
<クッキー土台>		
パートシュクレのクッキー (p.50参照)	80g	120g
無塩バター	20g	30g

下準備

・クリームチーズは室温に戻す(p.16参照)。
・型の側面にとかしバター(分量外)をぬり、底にオーブンペーパーを敷く(p.11)。
・オーブンを210℃に予熱する。

〈作り方〉

1 クッキー土台を作る。ボウルにバターを入れ、湯せんでとかす。砕いたクッキー生地を加え、ゴムべらでよく混ぜる。型の底にスプーンの背で押しつけるように平らにならし(p.21参照)、冷蔵庫で冷やす。

2 ボウルにクリームチーズを入れ、ゴムべらで、なめらかになるまで混ぜる。

3 グラニュー糖を加え、ゴムべらで混ぜる。ざらざらした感じがなくなったら泡立て器に持ち替え、さらによく混ぜる。

4 割りほぐした卵を2~3回に分けて加え、そのつどよく混ぜる。生クリーム、コーヒーエキス、ふるった薄力粉を順に加え、そのつどよく混ぜる。

5 ゴムべらで生地を集め、**1**の型に流し入れる。型を台に数回トントンと落とし、中の空気を抜く。210℃に予熱したオーブンに入れ、20分、160℃に温度を下げ、さらに15分焼く。

6 オーブンから出し、粗熱を取る。完全に冷めたらラップをしないで冷蔵庫でひと晩冷やし、型から取り出す。

※ラップをかけ、冷蔵庫で4~5日保存可能。

コーヒーエキス
フランス「トラブリ」社の「カフェエキストラ」は、製菓用の5倍濃縮タイプで、酸味と苦みがしっかり効いた風味が魅力。70ページの「ティラミス」などでも活用できます。(ク)

コーヒーエキスがない場合は、市販のインスタントエスプレッソに、指定量のお湯を加えたものでも代用可。コーヒー味のおいしさがケーキの味を決めるので、ぜひ上質なものを。

Point
焼く前に生地の表面に出た気泡を竹串などでつぶしておくと、焼き上がりがきれいになります。

Farcoullèle
ファルクレール

こちらも27ページの「フィアドーヌ」と同様、コルシカ島に伝わる伝統菓子です。
グラタン皿で焼く素朴なお菓子で、しっとりした生地感とオレンジの豊かな香りが特徴。
山羊のチーズを使うと、とりわけ「外国のお菓子っぽさ」が際立つように思います。

材料　直径20×高さ2.5cmのグラタン皿1台分

- シェーブルフレ（水きりしたもの／p.32参照）
  （リコッタチーズまたはカッテージチーズで代用可）‥300g
- グラニュー糖　‥‥‥‥‥‥‥‥‥‥‥　150g
- 卵　‥‥‥‥‥‥‥‥‥‥‥‥‥‥‥　5個
- レモンの皮（すりおろし／p.29参照）‥‥‥　1個分
- オレンジフラワーウォーター　‥‥‥‥‥　大さじ1
- 薄力粉　‥‥‥‥‥‥‥‥‥‥‥‥‥　20g

下準備

- グラタン皿の内側に、とかしバター（分量外）をぬる。
- オーブンを200℃に予熱する。

〈作り方〉

1. ボウルにシェーブルフレを入れ、ゴムべらで、なめらかになるまで混ぜる。
2. グラニュー糖を加え、ゴムべらで混ぜる。ざらざらした感じがなくなったら泡立て器に持ち替え、さらによく混ぜる。
3. 割りほぐした卵を2〜3回に分けて加え、そのつどよく混ぜる。レモンの皮、オレンジフラワーウォーター、ふるった薄力粉を順に加え、そのつどよく混ぜる。
4. ゴムべらで生地を集め、グラタン皿に流し入れる。200℃に予熱したオーブンに入れ、こんがりと焼き色がつくまで、30〜40分焼く。

※ラップをかけ、冷蔵庫で3〜4日保存可能。

オレンジフラワーウォーター

オレンジの花を水蒸気蒸留した100％天然のフラワーウォーターで、飲み物やお菓子にオレンジの香りをつけるもの。ない場合は、コアントロー小さじ1で代用してもいいでしょう。

Point

シェーブルフレを使うときは、しっかり水きりを。水分が残っていると、生地がゆるくなり、食感がいまひとつになります。

Tarte au fromage d'Alsace
アルザスのチーズタルト

Tarte aux cerises aigres douces à l'Alsacienne
アルザスのサワーチェリーチーズタルト

Tarte au fromage d'Alsace/Tarte aux cerises aigres douces à l'Alsacienne
アルザスのチーズタルト／アルザスのサワーチェリーチーズタルト

フランスのアルザス地方では、ざくざくとした素朴なタルト生地を使ったお菓子が
よく見られます。そこに軽やかなフロマージュブランを使ったチーズ生地を流し込み、
見た目はどっしり、味は軽やかなタルト菓子を考えてみました。
また、アルザス地方は、チェリーやプラムなど、果物の産地としても有名。
さわやかな甘みのサワーチェリーを焼き込むのもおすすめです。

材料　　　　　　　　　　　直径20×高さ5cmのマンケ型1台分

フロマージュブラン ……… 250g
カスタードクリーム ……… p.51参照
レモンの皮
　（すりおろし／p.29参照）…… 1/2個分
薄力粉 …………………… 25g
〈メレンゲ〉
卵白 ……………………… 2個分
塩 ………………………… ひとつまみ
グラニュー糖 …………… 50g

〈タルト生地〉
アーモンド入り
　パートシュクレ ……… 250g
〈サワーチェリータルトの場合〉
サワーチェリーの
　シロップ漬け ………… 200g

下準備

・アーモンド入りパートシュクレを作っておく（p.50参照）。
・カスタードクリームを作っておく（p.51参照）。
・卵白はボウルに入れて、ボウルに当たる縁部分が凍るくらい冷凍庫で冷やす（p.32参照）。
・オーブンを190℃に予熱する。

マンケ型
底よりも上の面積が大きい型のことで、タルト菓子は上に広がっていく形がきれいなので、この型を使いました。底が抜けるタイプの、テフロン素材が使いやすいです。

〈作り方〉

タルト生地を作る

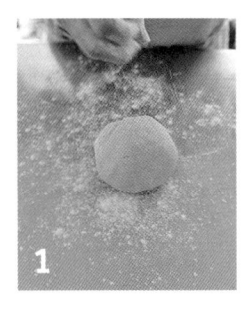

1 台に打ち粉（強力粉／分量外）をふり、パートシュクレを全体が同じかたさになるまで指先でほぐしてからまとめ、麺棒でのばす。

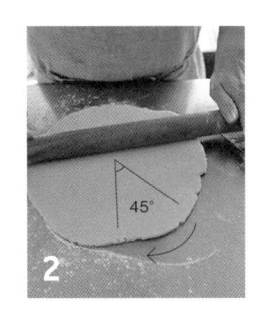

2 円形にして45度ずつ生地を回転させながら少しずつのばしていき、厚さ3〜4mm、直径28cm程度の円形にのばす。

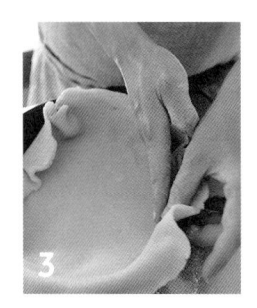

3 打ち粉をしながら、手で型にそわせるようにしながら敷き込む。

4 上から麺棒を転がしてはみ出したまわりを落とし、切り口を手で軽くおさえて整える。フォークで7〜8か所穴をあけ、冷蔵庫で約30分休ませる。

5 重しをのせ、190℃に予熱したオーブンに入れ、約30分から焼きする（15分の時点で、重しは取り除く）。

※私は乾物の豆を重しとして活用。重たすぎないので生地が沈まず、繰り返し何度も使えます。

チーズ生地を作る

6 ボウルにカスタードクリームを入れ、泡立て器で、なめらかに、つやが出るまで混ぜる。

7 別のボウルにフロマージュブランを入れ、ゴムべらで、なめらかになるまで混ぜる。6にフロマージュブランを加え、ゴムべらでよく混ぜる。

8 レモンの皮、ふるった薄力粉を順に加え、ゴムべらで、さっくり混ぜる。

メレンゲを作り、混ぜる

9 冷凍庫で冷やしておいた卵白に塩を加え、ハンドミキサーで撹拌する。白っぽくふんわりしてきたら、グラニュー糖を2回に分けて加え、そのつど撹拌する。

10 ミキサーを持ち上げると、卵白がおじぎをするくらいのかたさまで泡立てる。

型に入れ、焼く

11 チーズ生地にメレンゲを2回に分けて加え、泡立て器でさっくり混ぜる。

サワーチェリーのタルトは、チーズ生地を流し入れる前に5のタルト生地の上にサワーチェリーを敷きつめる。

12 5の型にチーズ生地を流し入れ、型を台に数回トントンと落とし（タルト生地が割れないよう注意）、中の空気を抜く。

13 パレットナイフなどで表面を平らにならす。

14 190℃に予熱したオーブンで約40分焼く。オーブンから出して冷まし、完全に冷めたらラップをしないで冷蔵庫に入れ、ひと晩冷やし固める。

※ラップをかけ、冷蔵庫で2～3日保存可能。

Point
パートシュクレは一気に広げず、徐々に力を強めて少しずつ広げていきます。生地がだれたら、すぐに冷蔵庫で冷やし、固まってから作業を行ないます。焼いている途中にチーズ生地がかなりふくらみますが、オーブンから出し、冷めるにつれてしぼみ、落ち着きます。その際にひびが入りますが、気にしないでも大丈夫です。

Pâte sucrée aux amandes
アーモンド入りパートシュクレ

ほろっとした口当たりがおいしい、ポピュラーなタルト用生地です。
余った生地はクッキーを焼いて、他のお菓子などにも応用できます。

材料　作りやすい分量

半量を「アルザスのチーズタルト」、「アルザスのサワーチェリーチーズタルト」それぞれに使用する。

- 無塩バター ･････････ 100g
- 粉糖 ･････････････ 100g
- 卵黄 ･････････････ 2個分
- 水 ･･･････････････ 大さじ1
- 薄力粉 ･･･････････ 180g
- アーモンドプードル ･･･ 20g

下準備

- バターは室温に戻す。

〈作り方〉

1. ボウルにバターを入れ、ゴムべらでなめらかになるまで混ぜる。 
2. 粉糖を加え、ゴムべらですり混ぜる。 
3. 卵黄を1個分ずつ加え、そのつどよく混ぜる。 
4. 分量の水を2～3回に分けて加え、そのつどよく混ぜる。 
5. 薄力粉とアーモンドプードルを合わせたものを、ふるい入れ、ゴムべらで切るように混ぜる。 
6. 粉気がなくなるまで混ぜ、 
7. カードで生地をひとまとめにして、 
8. ラップで包み、3～4cmの厚さにして、冷蔵庫で最低3時間冷やす。
   ※ラップに包み、保存袋に入れ、冷凍庫で約2週間保存可能。使うときは、冷蔵庫に入れ、半日かけて解凍するといい。 
9. 余った生地は、麺棒で3mm厚さにのばして型で抜き、180℃に予熱したオーブンで約12分焼くとサブレクッキーに。 
10. このクッキーは「コーヒーチーズケーキ」（p.42参照）、「レアチーズケーキ」（p.58参照）、「ニューヨークチーズケーキ」（p.19参照）などの土台にも活用できます。

Point
アーモンドプードルは皮なしタイプを選ぶと、見た目がきれい。皮入りタイプでも、もちろんおいしく作れます。

crème patissirère
カスタードクリーム

甘いバニラと卵の香りが特徴の、もったりとした食感のクリーム。「アルザスのチーズタルト」のほか、スフレ菓子（p.82〜）にも活用します。

材料　　　　　　　　　　　　　各タルト1台分

- 卵黄 ……… 2個分
- グラニュー糖 …… 20g
- バニラビーンズ …… 1/2本分
- 薄力粉 ……… 15g
- 牛乳 ……… 170ml

下準備

- バニラのさやから、バニラビーンズを取り出す（p.16参照）。さやは牛乳に入れる。

〈作り方〉

1 ボウルに卵黄を入れ、泡立て器で混ぜる。グラニュー糖、バニラビーンズを加え、白っぽくなるまですり混ぜる。

2 薄力粉をふるい入れ、

3 粉気がなくなるまで、泡立て器で混ぜる。

4 小鍋に牛乳とバニラビーンズのさやを入れ、中火にかける。縁がふつふつしてきたら火から下ろす。

5 泡立て器で混ぜながら、**3**に加える。縁についたものもゴムべらで落としながら、手早く混ぜる。

6 ざるでこしながら**5**を小鍋に戻し、

7 泡立て器で混ぜながら、再び中火にかける。

8 絶えず混ぜているうちに、少しもったりとしてきたら混ぜる手を早め、

9 つやが出てクリームがさらっとしたら（泡立て器を持ち上げたら、クリームがたらーっと流れ落ちるくらい）火を止める。

10 ボウルに移し、表面をラップでぴっちり覆い、氷水に当てて冷やす。粗熱が取れたら冷蔵庫で冷やしておく。

※冷蔵庫で約2日保存可能。

チーズケーキと好きな飲み物

ケーキは単体で食べるものではなく、必ず飲み物と一緒。だから、ケーキを作るときは「でき上がったら、どんなものと合わせて食べようか？」と考えるのも、楽しみの一つです。乳製品ならではのうまみとコクのあるチーズケーキは、繊細なお茶類はもちろんのこと、コーヒーやお酒などと合わせても負けることがないので、幅広い種類の飲み物と合わせられます。しっかりとボリュームのあるクリームチーズを使ったケーキには、南米産の深いりコーヒーを、繊細な味わいのフロマージュブランを使ったお菓子には、花の香りのブレンドティーを……といったふうに、お気に入りのオリジナルな組み合わせを見つけてみてはいかがでしょうか。

私のお気に入りのコーヒー

右はイベントなどでもご一緒してお世話になっているオオヤミノルさんが手がける「オオヤコーヒ焙煎所」のコーヒー。左は東京・吉祥寺の「カフェ モイ」でも豆を購入することができる徳島の「アアルトコーヒー」の「アルヴァーブレンド」。

私のお気に入りの紅茶

右はスウェーデンでブレンドされている「ティーハンデル」の「ブルースター」。左は東京・西荻窪にあるオーガニックジャスミン茶専門店「サウスアベニュー」のオーガニック紅茶「雲南野生紅茶」。どちらも豊かな香りが特徴です。

コーヒーと

お客さまからも、いろんな楽しみ方をご報告いただく「タタンのチーズケーキ」(p.14参照)。個人的には、深いりのしっかりとした味わいのコーヒーと合わせるのが、いちばんしっくりきます。いただくときは、じっくりていねいにハンドドリップして。

甘いワインと

チーズとワインの組み合わせは定番ですが、「バスクのチーズケーキ」(p.22参照)、「ブルーチーズと洋梨のチーズケーキ」(p.23参照)などは、特におすすめ。甘めの白ワインや、アイスワイン(氷結したぶどうから造られるデザートワイン)とも相性がいいです。

紅茶と

火を入れず、クリームチーズのミルキーな味わいをそのまま生かした「レアチーズケーキ」(p.58参照)には、香りがよく、渋みが少なめの紅茶を。ミルキーなレアチーズと花の香りが豊かな「サウスアベニュー」の「雲南野生紅茶」の組み合わせは、ここ最近のお気に入りの一つです。

余ったチーズの活用法

　作るケーキによっては、材料として準備したチーズ類が余ってしまうこともあります。そんなとき、例えば私は以下のような方法で、残ったチーズを活用しています。フライパンで気軽に焼けて人気のパンケーキは、ふんわり軽やかな風味のリコッタチーズがおすすめですが、しっかり常温に戻したクリームチーズでもおいしく作れます。サラダのディップは、例えば家に人が大勢集まったときなど、野菜やクラッカーなどと一緒に前菜的に置いておくと喜ばれる一品です。中でもいちばん気軽なのが、朝ごはんなどにトーストにのっける方法。おなじみスライスチーズとはひと味違った、リッチなチーズトーストが楽しめますよ。

リコッタチーズ
×
パンケーキに焼き込んで

リコッタチーズ30gをボウルに入れて泡立て器で混ぜ、割りほぐした卵1個、グラニュー糖30g、とかしバター15g、牛乳100mlを順に加え、そのつどよく混ぜます。薄力粉125gとベーキングパウダー3gを合わせてふるい入れ、ゴムべらでさっくり混ぜ、中火で熱したフライパンに直径10cmくらいになるようにお玉で流し入れます。弱火にして、両面に焼き色がつくまでじっくり加熱。だいたい6枚くらい焼けます。熱いうちにメープルシロップやバターをのせて召し上がれ。

クリームチーズ
×
サラダ用ディップに

ボウルにクリームチーズ100g、白ワインビネガー20mℓ、オリーブオイル小さじ1、塩、こしょう各適量を入れ、よく混ぜます。写真のようなリーフサラダはもちろん、きゅうりやにんじんなどのスティックサラダ、根菜類などを使った温野菜サラダなど、いろんなお野菜に。保存容器に入れて、冷蔵庫で2週間ほど保管できます。

クリームチーズ
ブルーチーズ
×
トーストにのせて

食パンに、クリームチーズ、ブルーチーズ各適量をぬり、トースターに入れて焦げ目がつくまで2〜3分焼きます。写真のように、ハーフ&ハーフにするのが楽しいです。ブルーチーズのほうは、焼き上がったあとに、はちみつをかけるのもおすすめです。

Gâteaux au fromage cru

第2章
レアチーズケーキ

オーブンを使わないで、冷やして固めるだけの
レアチーズケーキは、なめらかな舌ざわりとさわやかな風味で
大人から子どもまで、幅広く人気です。
ちょっとなつかしい雰囲気のシンプルなレアチーズケーキから
人気のティラミスのアレンジまで、デザートにぴったりなお菓子です。

57

Gâteau au fromage cru
レアチーズケーキ

昭和の喫茶店などでもおなじみな、
軽やかな食感が楽しいチーズケーキ。
固まるぎりぎりの量のゼラチンを加え、
ふんわりした舌ざわりに仕上げました。
仕上げの生クリームで、コクとうまみをプラスします。

Gâteau au fromage cru
レアチーズケーキ

材料	直径15×高さ6cmの丸型1台分	直径18×高さ6cmの丸型1台分
クリームチーズ	130g	200g
グラニュー糖	40g	65g
ヨーグルト	105g	160g
生クリーム	105g	160g
レモン汁	小さじ2	大さじ1
キルシュ	小さじ1弱	小さじ1
ゼラチン	4g	7g
水	大さじ2弱	大さじ2 1/3
<クッキー土台>		
パートシュクレのクッキー (p.50参照)	80g	100g
無塩バター	20g	25g
<仕上げ用クリーム>		
生クリーム	35g	50g

下準備

・クリームチーズは室温に戻す(p.16参照)。
・分量の水にゼラチンをふり入れ、ふやかしておく。

キルシュ
正式には「キルシュヴァッサー」といい、さくらんぼが原料のブランデー(蒸留酒)です。香りと風味漬けに使いますが、お菓子に使う場合は、小さめの小瓶タイプが便利。(ク)

〈作り方〉

クッキー土台を作る

1 ボウルにバターを入れ、湯せんでとかす。

2 クッキーはフードプロセッサーで攪拌するか、ジッパーつきの保存袋に入れて、麺棒でたたき、

3 上から軽く転がして、細かく砕く。

4 バターに砕いたクッキーを加え、ゴムべらでよく混ぜる。

5 スプーンの背で型の底に押しつけるように平らにならし、冷蔵庫で冷やす。

チーズ生地を作る

6 ボウルにクリームチーズを入れ、ゴムべらで、なめらかになるまで混ぜる。グラニュー糖を加え、ざらざらした感じがなくなるまでよく混ぜる。

7 ヨーグルトを3回に分けて加え、そのつどゴムべらで混ぜる。

8 生クリーム、レモン汁、キルシュを順に加え、

9 そのつど泡立て器でよく混ぜる。

10 湯せんにかけて溶かしたゼラチンを一気に加え、泡立て器で混ぜる。かため">の生クリームくらいのかたさに。

型に入れ、冷やす

11 ゴムべらで生地を集め、**5**の型に流し入れる。

12 型を台に数回トントンと落とし、中の空気を抜く。気泡が上がってきたら指でつぶす。

13 パレットナイフで表面をなめらかにする。冷蔵庫に入れ、約3時間冷やし固める。

仕上げ

14 仕上げ用の生クリームを五分立てくらいに泡立て、**13**の上に流す。再び冷蔵庫で約30分冷やす。

15 熱い湯をかけて絞った(または軽く絞ったあと電子レンジに40秒かけた)ふきんなどを型の側面に当て(やけどに注意)、底を押し、型から取り出す。

※ふたのできる保存容器に入れ、冷蔵庫で1〜2日保存可能。

Point
土台のクッキーは「カラメルビスケット」(p.21参照)、グラハムクッキーなど、お好みのものを。なめらかな食感にするため、生地にダマを作らず、ていねいにしっかり混ぜるのがポイントです。

Gâteau au fromage cru et aux fraises
いちごのレアチーズケーキ

Gâteau au fromage cru et aux myrtilles
ブルーベリーのレアチーズケーキ

Gâteau au fromage cru et aux fraises
いちごのレアチーズケーキ

「とちおとめ」など、やや酸味のある品種の、春先のいちごで作るのがおすすめ。
小さなお子さんがいらっしゃる場合は、キルシュを抜いて作ってみてください。

材料　直径7×高さ8cmのグラス4個分

クリームチーズ	125g
グラニュー糖	45g
いちご	80g
ヨーグルト	100g
生クリーム	100g
レモン汁	小さじ2
キルシュ(p.60参照)	小さじ1
ゼラチン	5g
水	大さじ2弱

<ソース>

いちご	200g
グラニュー糖	30g

下準備

・クリームチーズは室温に戻す(p.16参照)。
・分量の水にゼラチンをふり入れ、ふやかしておく。
・いちご80gは4等分に切り、グラニュー糖の半量を加え、フォークでつぶす(**a**)。

〈作り方〉

1　ボウルにクリームチーズを入れ、ゴムべらで、なめらかになるまで混ぜる。

2　残りのグラニュー糖を加え、ざらざらした感じがなくなるまでよく混ぜる。

3　ヨーグルトを3回に分けて加え、そのつどゴムべらで混ぜる。つぶしたいちご、生クリーム、レモン汁、キルシュを順に加え、そのつど泡立て器でよく混ぜる。

4　湯せんで溶かしたゼラチンを一気に加え、泡立て器で混ぜる。かための生クリームくらいのかたさに。

5　ゴムべらで生地を集め、グラスに流し入れる。台に数回トントンと落とし、中の空気を抜く。気泡が上がってきたら指でつぶし、スプーンなどで表面をなめらかにする。冷蔵庫に入れ、約3時間冷やし固める。

6　ソースを作る。フードプロセッサーにいちごとグラニュー糖を入れ、攪拌する。食べる直前に、**5**にかけていただく。

※ラップをかけ、冷蔵庫で1〜2日保存可能。

a

Gâteau au fromage cru et aux myrtilles
ブルーベリーのレアチーズケーキ

クリームチーズとブルーベリーは王道の組み合わせですが、やっぱりおいしい。
生のままと、煮てソースにしたもの、二つのブルーベリーの食感を添えて。

材料 直径17×高さ7cmのガラス器1個分

クリームチーズ	125g
グラニュー糖	40g
ヨーグルト	100g
生クリーム	100g
レモン汁	大さじ1
キルシュ (p.60参照)	小さじ1
ゼラチン	4g
水	小さじ4

〈ソース〉
ブルーベリー	100g
グラニュー糖	40g
レモン汁	小さじ2

〈トッピング〉
ブルーベリー	10〜15粒
生クリーム	50g

下準備

・クリームチーズは室温に戻す(p.16参照)。
・分量の水にゼラチンをふり入れ、ふやかしておく。

〈作り方〉

1 ソースを作る。鍋にブルーベリー、グラニュー糖、レモン汁を入れて弱火にかけ、汁気がなくなるまで約15分煮る。火から下ろし、冷ます。

2 ボウルにクリームチーズを入れ、ゴムべらで、なめらかになるまで混ぜる。グラニュー糖を加え、ざらざらした感じがなくなるまでよく混ぜる。

3 ヨーグルトを3回に分けて加え、そのつどゴムべらで混ぜる。生クリーム、レモン汁、キルシュを順に加え、そのつど泡立て器でよく混ぜる。

4 湯せんで溶かしたゼラチンを一気に加え、かための生クリームくらいのかたさになるまで、泡立て器で混ぜる。

5 器に**1**を入れ、ゴムべらで**4**の生地を集め、流し入れる。器を台に数回トントンと落とし、中の空気を抜く。気泡が上がってきたら指でつぶし、パレットナイフで表面をなめらかにする。冷蔵庫に入れ、約3時間冷やし固める。

6 仕上げ用の生クリームを五分立てくらいに泡立て、**5**の上に流す。再び冷蔵庫で約30分冷やす。食べる直前に、ブルーベリーを飾る。

Fontainebleau
フォンテーヌブロー

Crémet d'Anjou
クレメ・ダンジュ

Fontainebleau
フォンテーヌブロー

お菓子の名前は、パリ郊外にある都市名が由来で、
フランスのレストランなどでは定番の、フロマージュブランを使ったフレッシュデザート。
グラニュー糖や粉糖をふりかけていただくのが本場流です。

材料　3〜4人分

フロマージュブラン
　（下記参照）・・・・・・・・250g
生クリーム ・・・・・・・・・・・100g
グラニュー糖 ・・・・・・・・・10g

〈作り方〉

1 ボウルにフロマージュブランを入れ、泡立て器でなめらかになるまで混ぜる。

2 別のボウルに生クリームとグラニュー糖を入れ、泡立て器で**1**と同じくらいのかたさまで泡立てる(六〜七分立てくらい)。**1**に加え、泡をつぶさないようにゴムべらで混ぜる。

3 ざるにガーゼを広げ、その上に**2**を流し、下にボウルの受け皿を重ね(**a**)、上にラップをかける。冷蔵庫に入れ、ひと晩冷やす。

4 スプーンですくって器に盛り、好みでグラニュー糖(分量外)をふりかけていただく。

※保存容器に入れ、冷蔵庫で1〜2日保存可能。

a

Point
フロマージュブランの水きりをしっかりと。水分が残っていると、べちゃっとした食感になり、おいしさが半減します。フロマージュブランと生クリームを、なめらかになるまで、しっかり混ぜるのもポイント。

Fromage Blanc
フロマージュブラン

市販品もあるフロマージュブランですが、実は手作りすることも可能。
しっかり時間をかけ、水きりをするのがポイントです。

材料　作りやすい分量

ヨーグルト ・・・・・・・・・・・250g
生クリーム (乳脂肪分47%) ・・・・100g

〈作り方〉

1 ボウルにヨーグルトを入れ、泡立て器で、なめらかになるまで混ぜる。生クリームを加え、さらによく混ぜる。

2 ざるにガーゼを広げ、その上に**1**を流し、下にボウルの受け皿を重ね、上にラップをかける。冷蔵庫に入れ、ひと晩水きりをしてでき上がり。

Point
生クリームは動物性の脂肪分の高いもの、ヨーグルトは酸味が少ない、まろやかな味わいのものを選んでください。

Crémet d'Anjou
クレメ・ダンジュ

フランスのロワール川中流にあるアンジュ地方で作られるデザートで
「アンジュのクリーム」という意味。
ふわふわの食感が魅力で、ホームパーティのデザートにぴったり。

材料　4人分

フロマージュブラン	200g
生クリーム	50g
<メレンゲ>	
卵白	1個分
グラニュー糖	20g
<はちみつソース>	
はちみつ	80g
レモン汁	大さじ3弱
バニラビーンズ	少々

下準備

・卵白はボウルに入れて、ボウルに当たる縁部分が凍るくらい冷凍庫で冷やす(p.32参照)。

〈作り方〉

1. ボウルにフロマージュブランを入れ、泡立て器で、なめらかになるまで混ぜる。
2. 別のボウルに生クリームを入れ、泡立て器で**1**と同じくらいのかたさまで泡立てる（六～七分立てくらい）。**1**に加え、さっくり混ぜる。
3. メレンゲを作る。冷凍庫で冷やしておいた卵白をハンドミキサーで撹拌する。白っぽくふんわりしてきたら、グラニュー糖を2回に分けて加え、そのつど撹拌する。ミキサーを持ち上げると、ピンと角が立つかたさまで泡立てる。**2**に加え、ゴムべらでさっくりと混ぜる。
4. **3**の生地を4等分し、1人分ずつガーゼに包み、保存容器に入れ(**a**)、冷蔵庫でひと晩冷やす。
5. はちみつソースの材料すべてを混ぜ合わせる。**4**のガーゼを取って、器に盛り、ソースをかけていただく。

※保存容器に入れ、冷蔵庫で1～2日保存可能。

a

Tiramisu
ティラミス

71

Tiramisu
ティラミス

マスカルポーネを使ったイタリアンデザートの定番で、個人的にも大好きなお菓子です。
メレンゲの軽やかさのおかげで、コクがあるのにあと味はすっきりさわやか。
お酒の風味が苦手な方はアマレットは使わず、コーヒーエキスだけでも大丈夫です。

材料　21×15×高さ6.5cmの器1個分

- マスカルポーネ……250g
- 卵黄……2個分
- 生クリーム……100g

<メレンゲ>
- 卵白……2個分
- 塩……ひとつまみ
- グラニュー糖……40g

<コーヒーシロップ>
- コーヒーエキス（p.44参照）……小さじ4
- アマレット……大さじ4

- フィンガービスケット……7本
- ココアパウダー……10g

下準備

- 卵白はボウルに入れて、ボウルに当たる縁部分が凍るくらい冷凍庫で冷やす(p.32参照)。
- マスカルポーネから水分が出ていたら、水気をきる。
- 底が平らな容器（フィンガービスケットを浸しやすい大きさのもの）に、コーヒーエキスとアマレットを入れ、よく混ぜて、コーヒーシロップを作っておく（a）。

アマレット
あんずの種が原料の、琥珀色のリキュールで、お菓子やカクテルに幅広く活用されています。アーモンドに似た風味があり、名前はイタリア語で「少し苦いもの」という意味。

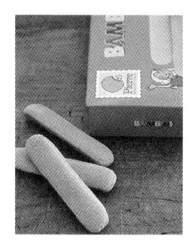

フィンガービスケット
フランスの「ピエールビスキュイットリー」のフィンガービスケットは、軽やかでコーヒーシロップをしっかり吸ってくれます。バターが入っていない軽めのビスケットでも代用可。（ク）

〈作り方〉

チーズ生地を作る

1 ボウルに生クリームを入れ、泡立て器またはハンドミキサーで攪拌する。少しもったりするまで泡立て（三〜四分立て）、冷蔵庫に入れて冷やす。

2 別のボウルにマスカルポーネを入れ、ゴムべらで、なめらかになるまでしっかり混ぜる。

3 卵黄を加え、全体の色が均一になり、なめらかになるまで混ぜる。

メレンゲを作り、混ぜる

4 1の生クリームを取り出し、泡立て器またはハンドミキサーで、3と同じくらいのかたさになるまで撹拌する（およそ五分立てくらい）。

5 3に4を加え、泡立て器で底から返すようにして、生クリームのふんわり感をつぶさないように手早く混ぜる。

6 冷凍庫で冷やしておいた卵白に塩を加え、ハンドミキサーで撹拌する。白っぽくふんわりしてきたら、グラニュー糖を2回に分けて加え、そのつど撹拌する。

7 ミキサーを持ち上げると、卵白がおじぎをするくらいのかたさまで泡立てる。

8 5にメレンゲの半量を加え、ゴムべらでさっくり混ぜる。今度は混ぜたものをメレンゲに加え、底から返すようにして、メレンゲをつぶさないように混ぜる。

容器に入れ、冷やす

9 容器に8の半量を入れ、パレットナイフで表面を平らにならす。

10 コーヒーシロップにフィンガービスケットを浸し、上に並べる。

11 残りの8を入れ、

12 表面を平らにならす。冷蔵庫に入れ、2時間以上冷やす。

13 食べる直前に、茶こしでココアパウダーをまんべんなくふる。

※容器の上からラップをかけ、冷蔵庫で1〜2日保存可能。

Point
メレンゲから生まれるふわふわとした食感が肝心なので、チーズ生地にメレンゲを加えてからは混ぜすぎないように注意して。

Tiramisu aux fruits
フルーツティラミス

Tiramisu aux pistaches
ピスタチオのティラミス

Tiramisu aux fruits

フルーツティラミス

チーズ生地とメロンのもったりした甘さ、ラズベリーの酸味がとてもよく合います。
見た目が華やかですが、作るのはとても簡単なので、おもてなしのデザートにおすすめ。

材料　　　直径6.5×高さ8cmのグラス3個分

マスカルポーネ ・・・・・・・・・・・・・・・・ 125g
卵黄 ・・・・・・・・・・・・・・・・・・・・・・・・ 1個分
生クリーム ・・・・・・・・・・・・・・・・・・・ 50g
〈メレンゲ〉
卵白 ・・・・・・・・・・・・・・・・・・・・・・・・ 1個分
塩 ・・・・・・・・・・・・・・・・・・・・・・・・・・ ひとつまみ
グラニュー糖 ・・・・・・・・・・・・・・・・・ 20g
〈フィリング〉
フィンガービスケット(p.72参照) ・・・・・ 3本
メロン(正味) ・・・・・・・・・・・・・・・・・ 100〜150g
ラズベリー ・・・・・・・・・・・・・・・・・・・ 1/2パック

下準備

・卵白はボウルに入れて、ボウルに当たる縁部分が凍るくらい冷凍庫で冷やす(p.32参照)。
・マスカルポーネから水分が出ていたら、水気をきる。
・メロンはひと口大に切る。

〈作り方〉

1. ボウルに生クリームを入れ、泡立て器またはハンドミキサーで攪拌する。少しもったりするまで泡立て(三〜四分立て)、冷蔵庫に入れて冷やす。

2. 別のボウルにマスカルポーネを入れ、ゴムべらで、なめらかになるまで混ぜる。卵黄を加え、全体の色が均一になり、なめらかになるまで混ぜる。

3. **1**の生クリームを取り出し、泡立て器またはハンドミキサーで、**2**と同じくらいのかたさになるまで攪拌する(五分立てくらい)。

4. **2**に**3**を加え、泡立て器で底から返すようにして、生クリームのふんわり感をつぶさないように混ぜる。

5. メレンゲを作る。冷凍庫で冷やしておいた卵白に塩を加え、ハンドミキサーで攪拌する。白っぽくふんわりしてきたら、グラニュー糖を2回に分けて加え、そのつど攪拌する。ミキサーを持ち上げると、卵白がおじぎをするくらいのかたさまで泡立てる。

6. **4**に**5**の半量を加え、ゴムべらでさっくり混ぜる。今度は混ぜたものをメレンゲに加え、底から返すようにして、メレンゲをつぶさないように混ぜる。

7. 器に**6**の半量を入れて表面を平らにならし、メロン、ラズベリー、3〜4等分に切ったフィンガービスケットを並べ、残りの**6**を入れて、表面を平らにならす。冷蔵庫に入れ、2時間以上冷やす。

※容器の上からラップをかけ、冷蔵庫で1〜2日保存可能。

Tiramisu aux pistaches
ピスタチオのティラミス

ピスタチオの香ばしくもさわやかな風味が、ティラミスのアクセントに。
加えるリキュールも変化をつけて、ベーシックタイプとはまた違ったおいしさです。

材料　直径14.5×高さ6cmのガラス器1個分

マスカルポーネ	125g
卵黄	1個分
生クリーム	50g
ピスタチオ（スーパーグリーン）	20g

＜メレンゲ＞

卵白	1個分
塩	ひとつまみ
グラニュー糖	20g

＜コーヒーシロップ＞

コーヒーエキス(p.44参照)	小さじ2
カルーア	小さじ4
フィンガービスケット(p.72参照)	4～5本
ココアパウダー	適量

下準備

- 卵白はボウルに入れて、ボウルに当たる縁部分が凍るくらい冷凍庫で冷やす(p.32参照)。
- マスカルポーネから水分が出ていたら、水気をきる。
- ピスタチオは包丁またはフードプロセッサーで細かく刻む。
- 底が平らな器（フィンガービスケットを浸しやすい大きさのもの）に、コーヒーエキスとカルーアを入れ、よく混ぜて、コーヒーシロップを作っておく。

〈作り方〉

1. ボウルに生クリームを入れ、泡立て器またはハンドミキサーで攪拌する。少しもったりするまで泡立て(三～四分立て)、冷蔵庫に入れて冷やす。

2. 別のボウルにマスカルポーネを入れ、ゴムべらで、なめらかになるまで混ぜる。卵黄を加え、全体の色が均一になり、なめらかになるまで混ぜる。ピスタチオを加え、さらに混ぜる。

3. 1の生クリームを取り出し、泡立て器またはハンドミキサーで、2と同じくらいのかたさになるまで攪拌する(五分立てくらい)。

4. 2に3を加え、泡立て器で底から返すようにして、生クリームのふんわり感をつぶさないように混ぜる。

5. メレンゲを作る。冷凍庫で冷やしておいた卵白に塩を加え、ハンドミキサーで攪拌する。白っぽくふんわりしてきたら、グラニュー糖を2回に分けて加え、そのつど攪拌する。ミキサーを持ち上げると、卵白がおじぎをするくらいのかたさまで泡立てる。

6. 4に5の半量を加え、ゴムべらでさっくり混ぜる。今度は混ぜたものをメレンゲに加え、底から返すようにして、メレンゲをつぶさないように混ぜる。

7. 容器に6の半量を入れ、パレットナイフで表面を平らにならす。コーヒーシロップにフィンガービスケットを浸し、上に並べる。残りの6を流し入れ、表面を平らにならす。冷蔵庫に入れ、2時間以上冷やす。

8. 食べる直前に、茶こしでココアパウダーをまんべんなくふる。

※容器の上からラップをかけ、冷蔵庫で1～2日保存可能。

ピスタチオ
おすすめは「スーパーグリーン」と呼ばれる早期に収穫されたピスタチオナッツで、一般的なものと比べて味や香りが一段と濃く、色合いも鮮やか。「クオカ」などで手に入ります。(ク)

カルーア
メキシコ産のコーヒー豆で作られるリキュールの一種で、カクテルの「カルーアミルク」でもおなじみ。コクのある甘さとバニラの香りが特徴で、お菓子にもよく使われます。

Brillat-Savarin avec de la confiture
des cerises noires
ブリヤサヴァランのブラックチェリージャム添え

Baraka avec des figues sèches
バラカのドライいちじく添え

Mascarpone avec de la pâte de marrons
マスカルポーネのマロンペースト添え

Fromage de chèvre avec des pommes tranchées
山羊のチーズとりんごのスライス

Brillat-Savarin avec de la confiture des cerises noires
ブリヤサヴァランのブラックチェリージャム添え

このページでは、チーズをそのまま使った簡単デザートをご紹介します。
フランスの有名な美食家と同じ名前がつけられたこちらのチーズは
そのものがレアチーズケーキのような、衝撃的なおいしさです。

材料

ブリヤサヴァラン ・・・・・・・・・・・・・・・ 適量
ブラックチェリージャム（砂糖不使用）・・・・ 適量

〈作り方〉

ブリヤサヴァランを食べやすい大きさに切って器に盛り、ジャムを添える。

ブリヤサヴァラン
主にフランス・ノルマンディ地方で作られる、白かびタイプのフレッシュチーズ。脂肪分72％と高めですが、やや酸味が強くさわやかな味わい。とろけるような食感が楽しめます。

ブラックチェリージャム
フランス「サン・ダルフォー」のスプレッド「ブラックチェリー」は、果物の甘みだけでじっくり煮込んだジャム。砂糖、保存料、着色料などをいっさい使わず、自然な味わいが魅力。

Baraka avec des figues sèches
バラカのドライいちじく添え

ふわふわの食感のバラカと、プチプチしたいちじくが口の中で溶け合います。
食後のちょっとしたデザートや、お酒のおつまみにおすすめです。

材料

バラカ ・・・・・・・・・・・・・・・・・・・・・・ 適量
ドライいちじく ・・・・・・・・・・・・・・・・ 適量

〈作り方〉

バラカは0.5mm厚さの薄切りにして、器に盛る。ドライいちじくと一緒にいただく。

バラカ
フランスのイル・ド・フランス地方で作られる、白かびタイプのチーズ。馬のひづめの形は、フランスでは幸運のシンボルとされており、クリーミーでまろやかな味わいが人気です。

Mascarpone avec de la pâte de marrons
マスカルポーネのマロンペースト添え

ほくほくのマロンペーストとミルキーなマスカルポーネのコンビは、
私の中では「あんこバター」のような組み合わせとして認識されています。
このデザートは、緑茶などとも合いますよ。

材料	作りやすい分量
マスカルポーネ	大さじ2
マロンペースト	小さじ2
クラッカー	2枚

〈作り方〉

クラッカーにそれぞれ、マスカルポーネ大さじ1、マロンペースト小さじ1をぬる。

マロンペースト

フランス「クレマン・フォジェ」社のマロンクリーム。こちらの会社はもともとマロングラッセのメーカーで、このクリームも保存料や着色料など添加物をいっさい使用していません。

Fromage de chèvre avec des pommes tranchées
山羊のチーズとりんごのスライス

独特なうまみのある山羊のチーズをさわやかなりんごとともに。
すっきりした味わいの青りんごを使ってもいいでしょう。

材料	
サントモール・ド・トゥーレーヌ	適量
りんご	適量

〈作り方〉

りんごは皮ごと0.5cmの厚さのくし形に切る。サントモール・ド・トゥーレーヌも同様の厚さに切り、交互に重ねて器に盛る。

サントモール・ド・トゥーレーヌ

フランスのトゥーレーヌ地方で作られる山羊のチーズで、中央のわらを通した穴が目印。若いうちは酸味が立っていますが、熟成が進むと、まろやかでコクのある味わいに。

Gâteaux au fromage soufflé

第 3 章

スフレチーズケーキ

スフレとはフランス語で「ふくらんだ」を意味する言葉。
ふわふわのメレンゲを材料に混ぜて、オーブンで焼いて作る料理やお菓子のこと。
ポイントは、メレンゲの泡をつぶさないようにして
手早くオーブンに入れて焼き上げること。
そうすることで、チーズケーキもふわふわの食感を楽しめます。

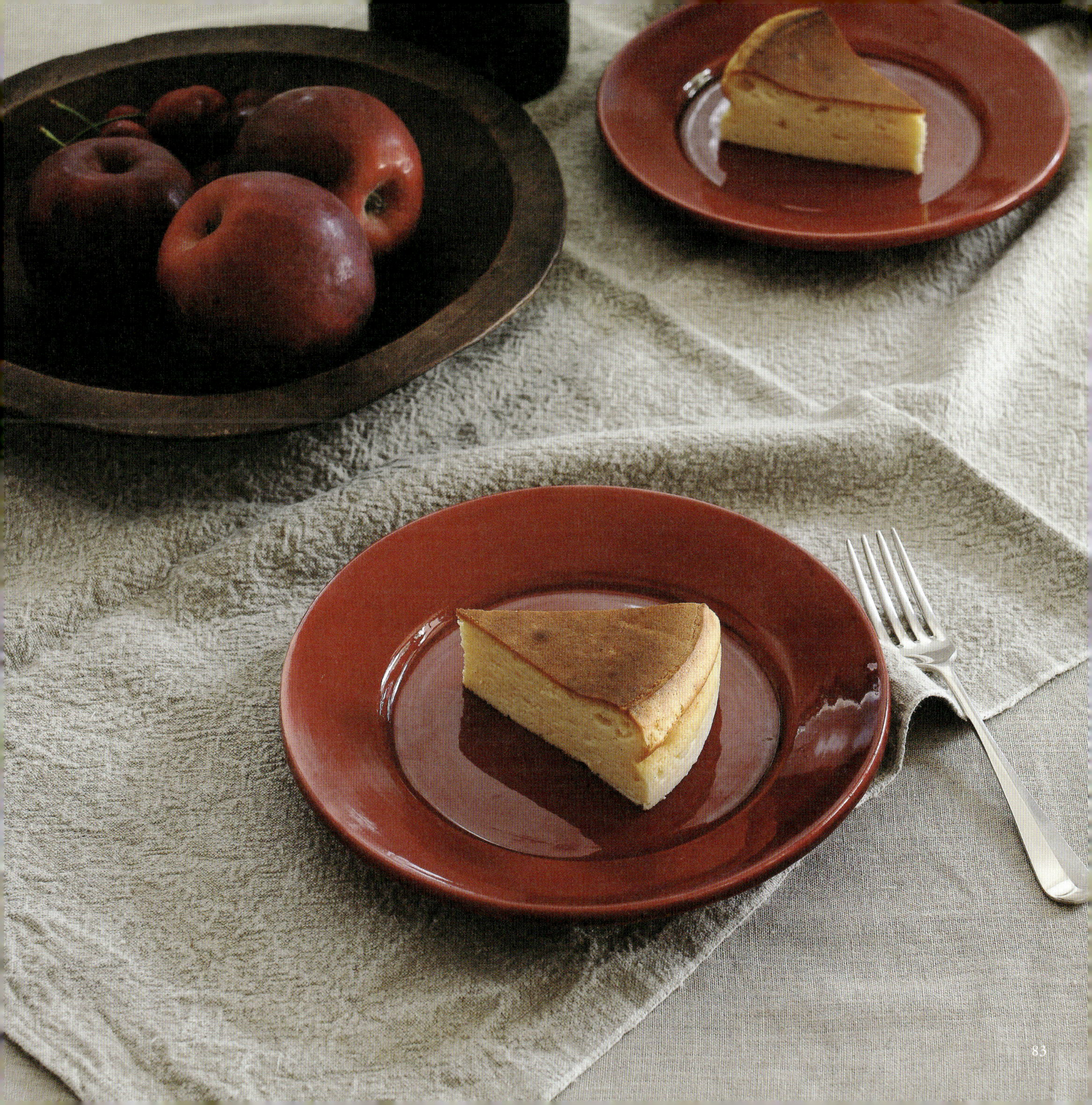

Gâteau au fromage soufflé
スフレチーズケーキ

85

Gâteau au fromage soufflé
スフレチーズケーキ

チーズ、卵、バニラのうまみがしっかり感じられますが
食感はふんわりとしたスフレタイプなので、あと味はとても軽やか。
カスタードクリームをあらかじめ作っておくと、当日作るのがラクチンです。

材料	直径15×高さ6cmの丸型1台分	直径18×高さ6cmの丸型1台分
クリームチーズ	130g	200g
無塩バター	15g	25g
レモン汁	小さじ1	小さじ2
薄力粉	13g	20g
<カスタードクリーム>		
卵黄	2個分	3個分
グラニュー糖	13g	20g
バニラビーンズ	1/3本分	1/2本分
薄力粉	15g	25g
牛乳	160ml	250ml
<メレンゲ>		
卵白	2個分	3個分
塩	ひとつまみ	ひとつまみ
グラニュー糖	33g	50g

下準備

- クリームチーズ(p.16参照)、無塩バターは室温に戻す。
- 型の側面にとかしバター(分量外)をぬり、底にオーブンペーパーを敷く(p.11参照)。アルミホイルを型の底面に巻く(下記参照)。
- 卵白はボウルに入れて、ボウルに当たる縁部分が凍るくらい冷凍庫で冷やす(p.32参照)。
- カスタードクリームを作り(手順はp.51参照。材料の分量はこのページのものを)、冷蔵庫で冷やしておく。
- オーブンを240℃に予熱する。

アルミホイルを底面に巻く

底が抜ける型で湯せん焼きする場合は、アルミホイルで底を包んでオーブンに入れます。抜けないタイプは、そのままでOK。

Point

カスタードクリームを加える前に、つやが出るまでしっかり混ぜること。こうすることで食感がふわっと、軽やかに焼き上がります。焼き上がって粗熱が取れたあと、市販のあんずジャムを表面にぬると、昭和の喫茶店にあったようなスフレチーズケーキの味わいに。

〈作り方〉

チーズ生地を作る

1 ボウルにクリームチーズを入れ、ゴムべらで、なめらかになるまで混ぜる。

2 バター、レモン汁（2回に分ける）を順に加え、そのつどよく混ぜる。

3 別のボウルにカスタードクリームを入れ、ゴムべらで、つやが出てやわらかくなるまで混ぜる。2に一気に加え、泡立て器でよく混ぜる。

4 薄力粉をふるい入れ、

5 ゴムべらで、粉気がなくなるまで切るようにしっかり混ぜる。

メレンゲを作り、混ぜる

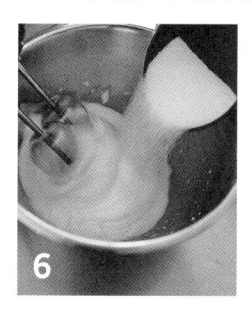

6 冷凍庫で冷やしておいた卵白に塩を加え、ハンドミキサーで攪拌する。白っぽくふんわりしてきたら、グラニュー糖を2回に分けて加え、そのつど攪拌する。

7 ミキサーを持ち上げると、ピンと角が立つくらいのかたさまで泡立てる。

8 5にメレンゲの半量を加え、泡立て器でさっくり混ぜる。ゴムべらに持ち替え、残りの半量を加え、底から返すようにして、メレンゲをつぶさないように混ぜる。

型に流し、焼く

9 ゴムべらで生地を集め、型に流し入れる。型を台に数回トントンと落とし、中の空気を抜く。

10 パレットナイフなどで表面を平らにならす。240℃に予熱したオーブンに入れ、約10分湯せん焼きする。160℃に落とし、さらに60分焼く。途中お湯が足りなくなったら、追加する。

※ラップをかけ、冷蔵庫で4〜5日保存可能。

Gâteau au fromage soufflé et au cacao
ココアスフレチーズケーキ

Gâteau au fromage blanc
ガトー・オ・フロマージュブラン

Gâteau au fromage soufflé et au cacao
ココアスフレチーズケーキ

ラム酒の風味を効かせた、ちょっぴり大人味のチーズスフレです。
ココアパウダーは上質なものを選ぶと、本格的な味わいに。

材料	直径15×高さ6cmの丸型1台分	直径18×高さ6cmの丸型1台分
クリームチーズ	130g	200g
無塩バター	20g	30g
グラニュー糖	15g	25g
ラム酒	大さじ1弱	大さじ1
ココアパウダー	13g	20g
ラムレーズン	25g	40g
<カスタードクリーム>		
卵黄	2個分	3個分
グラニュー糖	13g	20g
バニラビーンズ	1/3本分	1/2本分
薄力粉	15g	25g
牛乳	160ml	250ml
<メレンゲ>		
卵白	2個分	3個分
塩	ひとつまみ	ひとつまみ
グラニュー糖	40g	60g

下準備

- クリームチーズ(p.16参照)、無塩バターは室温に戻す。
- 型の側面にとかしバター(分量外)をぬり、底にオーブンペーパーを敷く(p.11参照)。アルミホイルを型の底面に巻く(p.86参照)。
- 卵白はボウルに入れて、ボウルに当たる縁部分が凍るくらい冷凍庫で冷やす(p.32参照)。
- カスタードクリームを作り(手順はp.51参照。材料の分量はこのページのものを)、冷蔵庫で冷やしておく。
- オーブンを240℃に予熱する。

〈作り方〉

1 ボウルにクリームチーズを入れ、ゴムべらで、なめらかになるまで混ぜる。バター、グラニュー糖、ラム酒、ココアパウダーを順に加え、そのつどよく混ぜる。

2 別のボウルにカスタードクリームを入れ、ゴムべらで、つやが出てやわらかくなるまで混ぜる。

3 1に2を一気に加え、泡立て器でよく混ぜる。ラムレーズンも加え、混ぜる。

4 メレンゲを作る。冷凍庫で冷やしておいた卵白に塩を加え、ハンドミキサーで撹拌する。白っぽくふんわりしてきたら、グラニュー糖を2回に分けて加え、そのつど撹拌する。ミキサーを持ち上げると、ピンと角が立つくらいのかたさまで泡立てる。

5 3に4の半量を加え、泡立て器でさっくり混ぜる。ゴムべらに持ち替え、残りの半量を加え、底から返すようにして、メレンゲをつぶさないように混ぜる。

6 ゴムべらで生地を集め、型に流し入れる。型を台に数回トントンと落とし、中の空気を抜く。パレットナイフなどで表面を平らにならす。

7 240℃に予熱したオーブンに入れ、約10分湯せん焼きする。160℃に落とし、さらに60分焼く。途中お湯が足りなくなったら、追加する。

※ラップをかけ、冷蔵庫で4〜5日保存可能。

ラムレーズン

レーズン適量を瓶に入れ、ラム酒と水を半々で割ったものをひたひたになるまで注ぎ、3日おいて完成。水を入れないと保存性は高まりますが、スフレには少し風味が強いので、この割合に。19ページの「ニューヨークチーズケーキ」などに入れて焼くのもおすすめ。冷蔵庫で約1か月保存可能。

Gâteau au fromage blanc
ガトー・オ・フロマージュブラン

この本に登場するチーズケーキの中で、いちばん軽い食感のケーキ。
メレンゲをつぶさないように混ぜさえすれば、あとはとても簡単。
お好みのジャムを添えてもおいしそう。

材料

	直径15×高さ6cm の丸型1台分	直径18×高さ6cm の丸型1台分
フロマージュブラン(p.68参照)	200g	300g
グラニュー糖	30g	45g
卵黄	2個分	3個分
生クリーム	30g	45g
レモン汁	大さじ1	大さじ1½
薄力粉	50g	75g
<メレンゲ>		
卵白	2個分	3個分
塩	ひとつまみ	ひとつまみ
グラニュー糖	40g	60g

下準備

・型の側面にとかしバター（分量外）をぬり、底にオーブンペーパーを敷く(p.11参照)。アルミホイルを型の底面に巻く(p.86参照)。
・卵白はボウルに入れて、ボウルに当たる縁部分が凍るくらい冷凍庫で冷やす(p.32参照)。
・オーブンを150℃に予熱する。

〈作り方〉

1 ボウルにフロマージュブランを入れ、ゴムべらで、なめらかになるまで混ぜる。グラニュー糖を加え、すり混ぜる。

2 泡立て器に持ち替え、卵黄、生クリーム、レモン汁、ふるった薄力粉を順に加え、そのつどよく混ぜる。

3 メレンゲを作る。冷凍庫で冷やしておいた卵白に塩を加え、ハンドミキサーで攪拌する。白っぽくふんわりしてきたら、グラニュー糖を2回に分けて加え、そのつど攪拌する。ミキサーを持ち上げると、卵白がおじぎをするくらいのかたさまで泡立てる。

4 **2**に**3**を2回に分けて加え、さっくりと混ぜる。ゴムべらで生地を集め、型に流す。150℃に予熱したオーブンに入れ、約60分湯せん焼きする。

※ラップをかけ、冷蔵庫で2〜3日保存可能。

Soufflé au fromage
チーズのスフレ

スフレは料理学校でお菓子の勉強を
しているときに実習で作り、
「こんなおいしいお菓子があるなんて!」と
感動した思い出の一品。
焼きたてをアツアツのうちに、レモン汁の
酸味をアクセントにいただきます。

Soufflé au calvados et aux pommes
りんごと カルヴァドスのスフレ

Soufflé au jambon et au comté
ハムとコンテチーズのスフレ

雪のちらつく冬の日に、イベントで出した
私にとっては思い出のお菓子。
寒い日に食べると、カルヴァドスの効果で、
心と身体がふわんと温まります。
残った「りんごのコンポート」は、
ヨーグルトやアイスにのせて
いただきましょう。

チーズとハムの塩気が食をそそる、甘くないスフレ。
メレンゲに砂糖を入れないので、
立ち上がりの力がやや弱く、
その分手際よく、さっと焼き上げるのがポイントです。
焼き色をしっかりつけたいので、
こちらは湯せん焼きではありません。

Soufflé au fromage
チーズのスフレ

材料　　　　　　　　　直径9×高さ4cmのココット皿2個分

クリームチーズ ……… 100g

〈カスタードクリーム〉
卵黄 ………………… 1個分
グラニュー糖 ……… 20g
バニラビーンズ …… 1/8本分
薄力粉 ……………… 15g
牛乳 ………………… 100ml

〈メレンゲ〉
卵白 ………………… 2個分
塩 …………………… ひとつまみ
グラニュー糖 ……… 35g

レモン ……………… 1/2個

下準備

- カスタードクリームを作り（手順はp.51参照。材料の分量はこのページのものを）、冷蔵庫で冷やしておく。
- ココットの内側にとかしバターをぬり、グラニュー糖（共に分量外）をまとわせ（**a**）、冷蔵庫に入れる。
- クリームチーズを室温に戻す（p.16参照）。
- 卵白はボウルに入れて、ボウルに当たる縁部分が凍るくらい冷凍庫で冷やす（p.32参照）。
- オーブンを230℃に予熱する。

〈作り方〉

1 ボウルにクリームチーズを入れ、ゴムべらで、なめらかになるまで混ぜる。別のボウルにカスタードクリームを入れ、ゴムべらでよく混ぜる。

2 チーズにカスタードクリームを加え、ゴムべらで底から持ち上げ、押しつけるようにしながらよく混ぜる。

3 メレンゲを作る。冷凍庫で冷やしておいた卵白に塩を加え、ハンドミキサーで攪拌する。白っぽくふんわりしてきたら、グラニュー糖を2回に分けて加え、そのつど攪拌する。ミキサーを持ち上げると、卵白がおじぎをするくらいのかたさまで泡立てる。

4 **2**に**3**を2回に分けて加え、さっくりと混ぜる。ゴムべらで生地を集め、ココット皿に流す。やや多めに入れ、パレットナイフで表面を平らにならす。指先で縁部分をぬぐい（**b**）（生地が立ち上がりやすくするため）、230℃に予熱したオーブンに入れ、12〜15分湯せん焼きする。生地が2cmくらい立ち上がり、表面に焼き色がついたらオーブンから出し、アツアツのうちにレモン汁をたっぷりしぼっていただく。

Point
チーズ生地を作り、オーブンに入れるまでの作業を、とにかく手早く行なうのがポイント。

Soufflé au calvados et aux pommes
りんごとカルヴァドスのスフレ

材料　　　　　　　　　直径9×高さ5cmのココット皿2個分

クリームチーズ ……… 100g

〈カスタードクリーム〉
卵黄 ………………… 1個分
グラニュー糖 ……… 20g
バニラビーンズ …… 1/8本分
薄力粉 ……………… 15g
牛乳 ………………… 100ml

〈メレンゲ〉
卵白 ………………… 2個分
塩 …………………… ひとつまみ
グラニュー糖 ……… 35g

〈りんごのコンポート〉（作りやすい分量）
りんご ……………… 100g
グラニュー糖 ……… 10g
カルヴァドス ……… 大さじ1

下準備

- 「チーズのスフレ」と同様。

〈作り方〉

1. りんごのコンポートを作る。りんごは皮をむき、薄切りにする。小鍋にコンポートの材料をすべて入れ、ごく弱火にかける。アルミホイルでふたをして、水分が出たらふたを取り、汁気がなくなるまで約10分煮る。火から下ろし、冷ます。
2. 下準備をしたココット皿にりんごのコンポート各大さじ1強、カルヴァドス各小さじ1（分量外）を入れ、冷蔵庫で冷やす。
3. 「チーズのスフレ」と同様にスフレ生地を作り、2に流し入れ、同様に焼く。アツアツのうちにいただく。

カルヴァドス
フランスのノルマンディ地方で造られる、りんごを原料にした蒸留酒。りんごの香りがとても強く、焼きたてのスフレに入れると、ふわっと芳醇な香りが立ち上ります。

Soufflé au jambon et au comté
ハムとコンテチーズのスフレ

材料　　　　　　　　　　直径9.5×高さ5cmのココット鍋2個分

コンテチーズ・・・・・・・・・50g
生ハム・・・・・・・・・・・・・20g
卵黄・・・・・・・・・・・・・2個分

＜メレンゲ＞
卵白・・・・・・・・・・・・・3個分
塩・・・・・・・・・・・・・ひとつまみ

＜ベシャメルソース＞
無塩バター・・・・・・・・・・20g
薄力粉・・・・・・・・・・・・20g
牛乳・・・・・・・・・・・・・130mℓ

下準備

- ココット鍋の内側にとかしバター（分量外）をぬり、冷蔵庫に入れる。
- コンテチーズは2cm長さの短冊切りに、生ハムは同じくらいの大きさに切る。
- 卵白はボウルに入れて、ボウルに当たる縁部分が凍るくらい冷凍庫で冷やす（p.32参照）。
- オーブンを190℃に予熱する。

〈作り方〉

1. ベシャメルソースを作る。小鍋にバターを入れて弱火にかける。バターがとけたら薄力粉を加え、木べらでよく混ぜながら白っぽくなるまで火を通す。牛乳を2〜3回に分けて加え、そのつどよく混ぜ、なめらかなソースにする。熱いうちにラップで表面にふたをして、冷ます。
2. ボウルに1を入れ、ゴムべらでなめらかになるまで混ぜ、卵黄、チーズ、生ハムを順に加え、そのつど混ぜる。
3. メレンゲを作る。冷凍庫で冷やしておいた卵白に塩を加え、ハンドミキサーで攪拌する。ミキサーを持ち上げると、卵白がおじぎをするくらいのかたさまで泡立てる。
4. 2に3を2回に分けて加え、さっくりと混ぜる。ゴムべらで生地を集め、ココット鍋に流す。やや多めに入れ、パレットナイフで表面を平らにならす。指先で縁部分をぬぐい、190℃に予熱したオーブンで12〜15分焼く。アツアツのうちにいただく。

コンテチーズ
フランスでは最大の生産量があるというポピュラーなセミハードチーズ。グラタンなどにもよく使われます。グリュイエールやシュレッド（ピザ用）チーズなどのとけるチーズでも代用可。

アトリエ・タタン
渡部まなみ（わたべ・まなみ）

1980年生まれ。高校在学中に料理学校の夜間コースに通い、そこでお菓子作りに目覚める。レストラン、ベーカリー、カフェなどの仕事を経て、2006年10月より東京・吉祥寺でチーズケーキの路面販売を開始、翌年6月に7畳半のスペースで小さな菓子店をオープン。クッキーやサブレ、季節のタルトなど素朴な焼き菓子類も話題に。2012年、東京・杉並にアトリエを移転、子育てのかたわら、通販やイベント販売を中心に、お菓子作りを続けている。
http://tatinweb.com

ブックデザイン	鳥沢智沙 (sunshine bird graphic)
撮影	広瀬貴子
スタイリング	西﨑弥沙
フランス語訳	田村恵子
校閲	山脇節子
編集	田中のり子
	田中 薫（文化出版局）

【フランス語訳について】
近年フランス国内では、チーズケーキは「アメリカ・ニューヨークから渡ってきたもの」として、cheese cakeと英語表記されることが多いのですが、本書では著者の意図をくみ、gâteau au fromage という表現を使いました。

材料協力
クオカ (cuoca)
0120-863-639
http://www.cuoca.com

アトリエ・タタンのチーズケーキ

発　行　2014年9月29日　第1刷

著　者　　渡部まなみ
発行者　　大沼　淳
発行所　　学校法人文化学園 文化出版局
　　　　　〒151-8524　東京都渋谷区代々木3-22-1
　　　　　電話 03-3299-2485（編集）
　　　　　　　 03-3299-2540（営業）
印刷・製本所　株式会社文化カラー印刷

© Manami Watabe 2014　Printed in Japan
本書の写真、カット及び内容の無断転載を禁じます。

本書のコピー、スキャン、デジタル化等の無断複製は著作権法上での例外を除き、禁じられています。本書を代行業者等の第三者に依頼してスキャンやデジタル化することは、たとえ個人や家庭内での利用でも著作権法違反になります。

文化出版局のホームページ　http://books.bunka.ac.jp